초록빛 식물 자수를 소개합니다

Collect
07

초록빛 식물 자수를 소개합니다
5가지 스티치만으로 예쁘게

1판 1쇄 인쇄 2021년 3월 17일
1판 1쇄 발행 2021년 3월 24일

지은이 김여울, 김이랑
발행인 김태웅
책임편집 김지수 **기획·편집** 김다빈
디자인 프롬디자인
마케팅 총괄 나재승
마케팅 서재욱, 김귀찬, 오승수, 조경현, 김성준
온라인 마케팅 김철영, 임은희, 장혜선, 김지식
인터넷 관리 김상규
제작 현대순
총무 안서현, 최여진, 강아담, 김소명
관리 김훈희, 이국희, 김승훈, 최국호
발행처 ㈜동양북스
등록 제2014-000055호
주소 서울시 마포구 동교로22길 14(04030)
구입 문의 전화 (02)337-1737 **팩스** (02)334-6624
내용 문의 전화 (02)337-1734 **이메일** dymg98@naver.com

ISBN 979-11-5768-694-0 13630

이 도서의 국립중앙도서관 출판예정도서목록(CIP)은 서지정보유통지원시스템
홈페이지(http://seoji.nl.go.kr)와 국가자료공동목록시스템(http://www.nl.go.kr/kolisnet)에서
이용하실 수 있습니다.

초록빛 식물 자수를 소개합니다

김여울/김이랑 지음

작업실을 공유하는 동료이자 자매인 두 작가의 작품은 초록 식물에서 시작됩니다. 본격적으로 자수를 시작하기 전에 싱그러운 식물을 그리고 수놓는 이야기, 일상 속 소소한 이야기를 먼저 만나보세요.

자수 작가 여울

○ 식물 자수를 시작하게 된 계기가 있나요?

누구나 집에 자수 실 한 바구니 정도는 있을 거예요. 저도 중학교 때 잠깐 십자수를 했었는데 그때 사뒀던 실을 20년 가까이 버리지 않고 갖고 있었어요. 어느 날 실을 발견하고 백 스티치만 쓰는 레터링 자수를 일주일 동안 정말 열심히 수놓았어요. 다 끝나고 나니 자수를 계속하고 싶은데 마음에 들어오는 도안이 없었어요. 그러다 언니가 그린 귀여운 아보카도 그림을 봤고 딱 느낌이 왔어요. 십자수만 해봐서 다른 기법은 아무것도 모르는 상태였기에 책과 유튜브를 찾아보면서 완성했습니다. 무척 뿌듯하더라고요. 그 후로 계속 식물 자수를 하고 있어요.

○ 자수 작업은 주로 어디서 하시나요?

'이랑그림' 작업실 한편에 작업 책상이 있어요. 창문에서 멀리 떨어진 안쪽이라 방해받지 않고 작업하기 좋습니다. 작업 공간이라고 하면 햇빛이 쫙 들어오는 창가를 상상하기 쉽지만, 저는 벽을 바라보는 게 집중이 더 잘되더라고요. 자수가 잘되지 않을 때에는 카페에 자수 용품을 들고 나가기도 합니다. 최근에는 코로나 때문에 여의치 않아 딱 한 번 나간 게 전부라서 이 책의 자수는 대부분 작업실 안에서 수놓았어요.

자수할 때 아이디어를 어떻게 얻나요?

우선 언니의 인스타그램을 한번 둘러봐요. 자수로 할 만한 그림이 있는지 훑어본 다음, 자수 도안으로 써도 되는지 물어보고 시작합니다. 때로는 작업실에 있는 식물들을 그려달라고 부탁하기도 합니다. 직접 물을 주고 길러 애정이 있는 식물들로 자수를 하면 더 재미있고 작업도 잘 돼요.

자수를 하다 보면 막히는 지점이 올 때가 있어요. 어떤 자수는 처음부터 끝까지 술술 즐겁게 잘 진행되는데, 어떤 자수는 끊임없이 의심이 생겨요. 수놓은 모양이 이상하지는 않은지, 다른 스티치로 수놓아야 했던 것은 아닌지, 지금이라도 그만두어야 하는지 계속 잡생각이 들어요. 그럴 때는 객관적으로 봐줄 제3자가 필요한데 언니와는 항상 같이 있기 때문에 이런 순간에 아주 도움이 됩니다. 내가 이상하다고 생각했던 부분에 문제가 없다는 사실을 알고 나면 다시 작업할 힘이 생겨요.

자수에서 가장 신경 쓰는 부분은 무엇인가요?

아무래도 프랑스 자수 기법이 가장 접하기 쉽고 저도 프랑스 자수를 배웠지만 기본적인 스티치 외의 복잡한 기법들은 제 취향이 아니에요. 잎사귀 자수를 예로 들면 피시본 스티치나 플라이 리프 스티치 기법은 세밀하게 그려진 도안도 간략하게 만드는 경향이 있어요. 그래서인지 저는 실 두 가닥만 쓰는 새틴 스티치로 촘촘하게 채우는 것이 좋더라고요. 수놓을 때는 항상 그림에 가깝게 표현하는 것을 목표로 하고 있어요. 자수 실은 물감보다 색깔이 한정적이라 수를 다 놓고 나면 프랑스 자수와 그림 사이의 어중간한 것이 나오는데 그 느낌을 좋아합니다.

그
림
작
가

이
랑

○ 식물 그림으로 많은 독자에게
　사랑을 받고 계신데
　특별히 식물 그림을 그리게 된
　계기가 있나요?

처음에는 꽃그림으로 시작했어요. 꽃을
좋아해서 꽃을 그렸다기보다는 꽃을 그
리다 보니 꽃이 좋아졌습니다. 사람이
나 사물은 형태를 완벽히 그리지 않으
면 이상하게 보이는데 꽃은 조금 틀리
게 그려도 예쁜 것이 좋았어요. 꽃을 그
리다 보니 길가에 피어있는 작은 들꽃
과 잡초에도 관심이 가게 되었고, 자연
스럽게 식물까지 그리게 되었습니다.
식물 그림을 그릴수록 식물이 더욱 좋
아져서 곁에 두고 많이 키우고 있어요.

○ 자수를 염두에 두고 그린
　그림이 있나요?

작업실에 아무 생각 없이 앉아있다가
문득 한편에 놓인 화분을 보고 '아 저 화
분이 참 예쁘다, 자수로 수놓으면 좋겠

다' 싶으면 그림을 그려서 동생에게 건네주곤 해요. 이런 생각은 갑자기 찾아옵니다. 동글동글한 필레아 페페의 잎사귀가 귀여워서 한 번, 오밀조밀한 마오리 소포라의 잎사귀가 예뻐서 또 한 번 그려주었습니다.

○ 작업실을 함께 쓰다 보면
  재밌는 일이 많을 것 같은데
  기억에 남는 에피소드가 있나요?

이 작업실에서 벌써 햇수로는 5년째 지내고 있는데 가장 큰 에피소드는 역시 고양이들을 만난 거예요. 2019년 6월 길고양이들이 처음 작업실을 찾아왔고 밥을 열심히 챙겨줬어요. 결국 한 마리는 눌러앉아서 저희 자매는 졸지에 집사가 되었어요. 혼자였다면 고양이들을 돌보는 것을 시작하지도 않았을 테지만 둘이라 서로 의지하며 고양이들을 돌보고 있습니다.

○ 그림과 자수에 비슷한 점이
  있을까요?

평면의 작품이 나온다는 점에서 공통점이 있지만 기본적으로 그림과 자수는 아주 다른 분야라고 생각해요. 저는 특히 수채화 그림을 주로 그리고 있어서 물감에 물을 풀어 자유롭게 홀렁홀렁

그림을 그리지만 자수는 한 땀 한 땀 수놓아야 한다는 점에서 치밀하고 계획적인 사고가 필요한 것 같아요. 각자의 성격에 따라서 게으르고 별 계획 없이 되는 대로 사는 저는 그림을 그리게 되었고 비교적 계획적이고 꼼꼼한 동생이 자수를 놓게 된 것은 아주 자연스러운 결과라 생각합니다.

◦ 이 책으로 자수를 시작할 독자들에게 전하고 싶은 말이 있나요?

이랑: 자수를 새롭게 시작하시는 분들에게 적합한 작품을 소개하기 위해 동생과 머리를 맞대고 열심히 만든 책입니다. 저희 자매 둘 다 좋아하는 식물을 하나씩 선정해서 저는 그림을 그리고 동생은 자수를 놓았어요. 작업하는 내내 즐거웠고, 그 즐거움이 많은 독자에게 전해져 수놓는 시간이 행복했으면 좋겠습니다. 도안이 된 그림도 따라 그려보면 더 재밌을 거예요!

여울: 자수를 취미로 할 때 제일 중요한 것이 뭘까 생각해봤어요. 전체적인 완성도는 다소 떨어지더라도 작품 하나를 끝내는 것이 아닐까 합니다. 초반에 했던 자수들을 보면 부끄러울 정도로 엉성해서 어떻게 이런 걸 잘했다고 생각했나 싶은데 꾸준히 작업을 하면서 시간이 지나니 실력이 눈에 띄게 좋아지더라고요. 취미로 하는 일에도 뿌듯함을 느낀다면 계속해나갈 수 있지 않을까 생각합니다.

하나,
일상 속 초록

둘,
화분 속 초록

셋,
알록달록 꽃과 과일

◦ 재료와 도구 ◦

1. 원단

왼쪽부터 10수 무명(백아이보리) 2종 | 17수 무명(백아이보리) | 17수 무명(내추럴) | 20수 광목(백아이보리)

자수를 시작하려면 가장 먼저 자수를 수놓을 원단을 골라야 합니다. 원단을 살펴보면 '10수', '20수'와 같이 적힌 것을 볼 수 있어요. '수'는 원단의 두께를 나타내는 단위이고, 앞에 적힌 숫자는 원단의 두께를 나타냅니다. 원단은 숫자가 작을수록 두껍고 숫자가 클수록 얇습니다.

원단의 두께를 정했다면 원단의 종류를 골라볼까요? 일반적으로 무명과 광목, 리넨이 많이 쓰입니다. 무명과 광목은 서로 만드는 방법이 다른 원단이에요. 무명은 오돌토돌한 결이 있어 톡톡한 느낌을 주고, 광목은 표면이 매끈해서 깔끔해 보여요. 리넨도 자수용으로 많이 쓰이지만, 내구성이 약해 자수를 여러 번 고치면 원단이 상하니 입

문자는 다른 원단을 선택하는 게 좋습니다.

원단의 색상은 화이트·백아이보리·내추럴(광목색) 세 가지로 구분됩니다. 백아이보리는 우리가 일반적으로 생각하는 흰색이에요. 화이트는 그보다 차가운 느낌이 드는 흰색입니다. 사진으로 보면 백아이보리와 비슷해 보이지만, 실제로는 이질감이 들 정도로 추운 색감이에요. 내추럴(광목색)은 노란빛이 살짝 도는 옅은 베이지색입니다. 이 책에서는 전부 백아이보리색 10수 무명천을 사용했어요.

원단을 구입할 때는 꼭 워싱(세탁) 처리가 된 천을 사야 합니다. 워싱 처리가 되지 않은 천은 더 저렴한 반면 물에 닿으면 수축하기 때문에 미리 세탁해야 하는데 세탁기에 돌리면 모양이 틀어지거나 올이 풀립니다. 또한 손세탁은 매우 번거로워 추천하지 않습니다.

/ tip / 원단을 처음 살 때는 20수 무명 또는 20수 광목 중에서 고르는 게 좋아요. 더 두꺼운 천에 수놓고 싶다면 10수 무명도 괜찮습니다. 단, 더 튼튼한 천이라 손과 손목에 힘이 많이 들어가서 통증이 생길 수 있어요. 평소에 팔 힘이 약하다면 20수 원단이 알맞을 거예요. 10수 광목은 두껍고 빳빳한 에코백 재질입니다. 자수를 놓을 수는 있지만 힘이 꽤 들어가니 특별한 목적이 없다면 다른 원단을 골라보세요.

2. 수틀

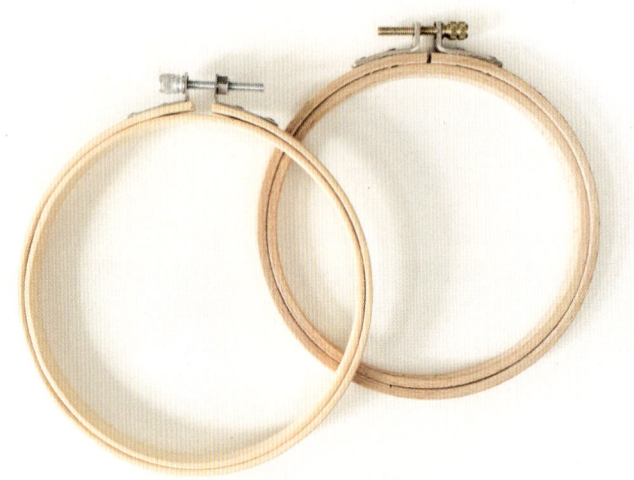

원단을 팽팽하게 고정해서 더 쉽게 자수를 놓을 수 있게 도와주는 틀이에요. 이 책에 나오는 자수는 전부 지름 13cm 원형 수틀에 맞춰서 도안을 그렸어요. 자수 놓을 때도 쓰고 완성해서 장식할 용도로도 쓴다면 저렴한 대나무 수틀이 좋아요. 다만 저렴하다 보니 마감이 거친 제품도 있어서 자수를 놓을 때는 가격이 더 나가는 원목 수틀 하나만 구입해 쓰는 것도 방법입니다. 플라스틱 수틀은 미끄러워 원단이 잘 고정되지 않아 추천하지 않습니다.

3. 바늘

자수바늘은 일반 바늘보다 바늘귀가 커 실을 꿰기에 더 편해요. 바늘 호수는 숫자가 클수록 바늘귀는 작아지고 반대로 숫자가 작을수록 바늘귀는 커집니다. 꿰는 실의 가닥에 맞게 호수를 선택해 사용합니다.

바늘 세트는 '크로바'와 '존 제임스' 두 제품이 가장 많이 쓰입니다. 바늘 세트를 산다면 크로바 3~9호 세트 또는 존 제임스 페블 자수바늘 5/10호 세트(연분홍색)가 좋습니다. 크로바 바늘은 가늘고 길어서 얇은 천에 적합하고 결과물도 더 섬세합니다. 대신 두꺼운 천에 사용하면 바늘이 휠 수 있어요. 존 제임스 바늘은 크로바보다 짧고 굵어서 아주 얇은 천을 제외하고 모든 천에 고루 사용할 수 있습니다. 이 책에서는 전부 두께가 있는 10수 무명천에 자수를 수놓았기 때문에 존 제임스 바늘을 사용했습니다.

/ tip / 실 가닥에 따른 바늘 호수

실 2~3가닥 → 바늘 9~10호	실 4가닥 → 바늘 6~7호	실 6가닥 → 바늘 5호

4. 실

이 책에서는 DMC 25번사의 13가지 색을 사용했습니다. 실은 6가닥이고 길이는 8m 예요. 보빈°에 감아놓았다가 필요할 때마다 잘라서 사용합니다.

· 초록색 ● 989 / ● 988 / ● 987 / ● 986 / ● 907 / ● 164
· 갈색 ● 779 / ● 436
· 베이지색 ● 822
· 자주색 ● 902
· 노란색 ● 743
· 분홍색 ● 760
· 하늘색 ● 813

°   실을 감아서 정리하는 실패.

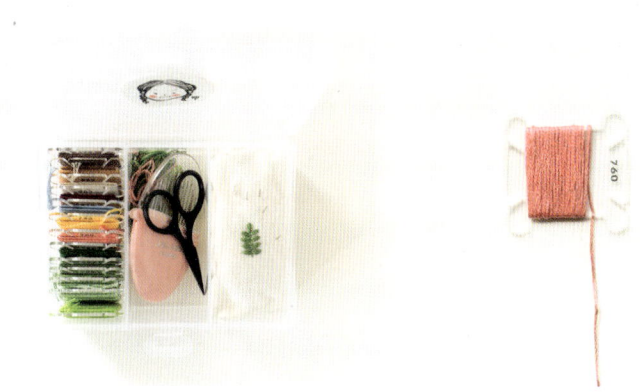

실은 보빈에 감은 뒤 실 통에 넣어 먼지가 타지 않게 보관합니다. 실을 보빈에 마구잡이로 감으면, 부피가 늘어나 자리를 많이 차지하게 됩니다. 조금 시간이 걸리더라도 가지런하게 감으면 보빈이 납작해져서 수납하기도 휴대하기도 편해요.

5. 가위

◀ 재단 가위
▼ 쪽가위

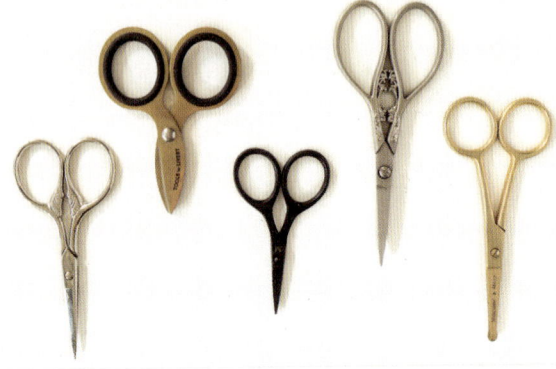

원단을 자를 때 사용할 재단 가위와 실을 자를 때 사용할 작은 쪽가위를 준비합니다.
재단 가위가 있으면 좋지만 없다면 잘 드는 부엌 가위도 괜찮습니다. 작은 쪽가위는
예쁜 것으로 하나 준비해두면 자수할 때마다 기분이 좋아져요.

6. 수성펜과 수용성 심지

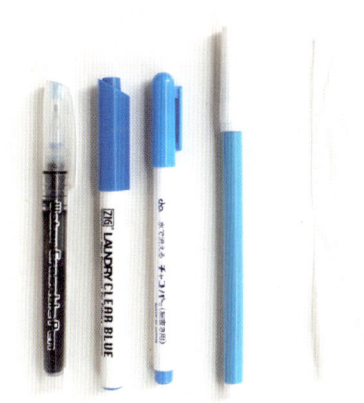

자수 도안을 원단에 옮겨 그리려면 물로 지워지는 푸른색 원단용 수성펜이 필요합니다. 기본적으로 수성펜을 사용하면서 수용성 심지°는 예비용으로 준비해둡니다. 아래와 같이 수성펜으로 도안을 그리기 어려운 경우에 유용하게 쓸 수 있어요.

· 천이 두꺼워서 라이트 박스°°를 써도 도안의 선이 잘 보이지 않을 때
· 수성펜과 천의 궁합이 맞지 않아 잉크가 번질 때
· 수성펜으로 도안을 옮겨 그리는데 이유 없이 잘 그려지지 않을 때
· 라이트 박스로 도안을 옮기기 어려운 원단에 자수를 놓고 싶을 때

° 부직포 재질의 물에 녹는 심지로 두께가 매우 얇아 도안을 따라 그리기에 편하다. 자수를 전부 수놓은 뒤에 물에 담가 살살 비벼 빨면 심지가 사라진다.

°° 도안을 원단에 옮겨 그릴 때 도안을 비춰주는 상자 모양의 조명.

◦ 자수 시작하기 ◦

1. 원단 준비하기

원단은 13cm 수틀을 기준으로 사방에 3.5cm씩 여백을 두어 20×20cm로 잘라 준비합니다. 여백이 너무 좁으면 수틀에 걸기가 힘들고, 너무 넓으면 수놓을 때 걸리적거려요. 원단 1마(150×90cm)를 위와 같이 자르면 28장이 나옵니다.

/ tip / 원단 1마 자르기

원단을 펴서 살펴보면 양쪽으로 올이 풀리지 않게 처리되어 있어요. 양쪽 끝 2cm 정도는 중간 부분과 결이 달라요. 이 부분에 구멍이 뚫려있는 원단도 있어요. 끝부분은 사용하지 않고 잘라냅니다.

1   원단의 올풀림 방지 처리된 부분을 옆으로 오게 해서 작업대 위에 넓게 펼쳐둡니다.

2   아래쪽에서 20cm를 재서 접어요. 왼쪽, 중간, 오른쪽 세 군데에서 재면 정확하게 20cm를 접을 수 있어요. 접은 곳은 자로 꾹꾹 눌러줍니다.

3   한 손으로 천을 눌러 고정한 뒤 재단 가위의 위쪽 날을 접은 원단 사이에 넣고 아래로 당기며 한 번만 가위질을 합니다.

4   재단 가위를 옆으로 옮기면서 가위질하면 150×20cm 원단이 됩니다.

5   4번의 원단에서 올풀림 방지 처리된 부분을 잘라냅니다. 원단을 세로로 자를 때는 원단 자체를 90도 돌려서 접은 부분이 아래로 오게 한 뒤 3번의 방법으로 자릅니다.

6   5번의 원단을 옆 방향으로 20cm를 재서 접은 뒤 3번의 방법으로 자르면 20×20cm 원단 4장이 됩니다.

2. 자수 도안 옮기기

수성펜으로 옮기기

라이트 박스가 있다면 도안을 라이트 박스에 마스킹 테이프로 고정한 뒤 천을 얹어 옮겨 그립니다. 라이트 박스가 없다면 모니터에 도안 사진을 띄워두고 그리거나 스마트폰이나 태블릿PC에 트레이싱 앱을 다운받아 화면에 도안을 고정한 뒤 그립니다. 어플을 이용할 경우 도안을 카메라로 찍어 앱 내에 띄워놓고 화면에 천을 얹어 옮겨 그립니다. 화면이 충분히 밝지 않다면 밤에 불을 전부 끄고 시도해보세요.

앱스토어 Lightbox Tracer(무료/아이패드용), Trace Table(유료/아이폰용)
구글 플레이 스토어 Tracer! lightbox tracing app(무료)

수용성 심지

천이 두껍거나 그림이 세밀할 때는 라이트 박스를 사용해도 옮겨 그리기가 힘들어요. 그런 경우에는 라이트 박스로 잘 보이는 부분만 대충 옮겨 그린 뒤 도안을 보며 직접 그리거나, 수용성 심지를 사용합니다.
수용성 심지를 만져보면 요철이 있는 면과 매끈한 면이 있어요. 매끈한 면이 위로 오게 해서 도안 위에 올리고 마스킹 테이프로 고정합니다. 유성펜이나 중성펜을 사용해 도안을 옮깁니다. 요철이 있어 잘 그려지지 않으니 선을 짧게 여러 번 끊어서 그립니다. 도안을 그린 수용성 심지를 수놓을 천에 올려놓고 위치를 잡은 뒤, 실로 시침질해서 천에 고정합니다.

3. 수틀에 원단 끼우기

1   수틀 위의 나사를 풀어 안수틀과 겉수틀을 분리합니다.

2   안수틀 위에 도안이 중앙에 오도록 위치를 조절해서 올립니다.

3   겉수틀이 들어갈 만큼만 나사를 푼 뒤 겉수틀을 천 위에 올려놓고 힘주어 눌러 안수틀에 끼웁니다.

4   나사를 조이면서 원단이 팽팽해지도록 중간중간 원단을 당깁니다.

5   나사는 최대한 조여서 고정이 잘 되게 해주세요. 드라이버를 쓰면 더 꼭 조일 수 있어요.

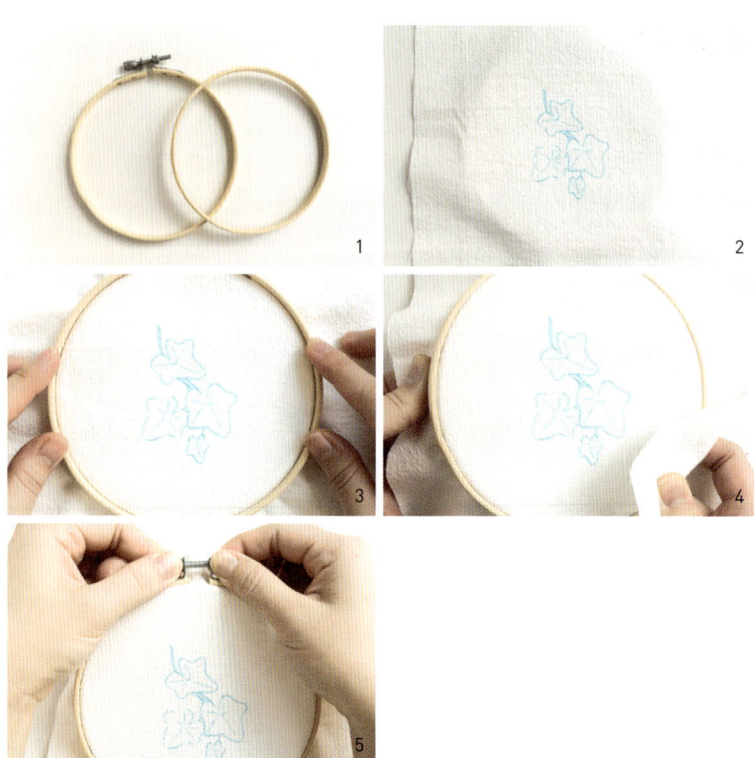

4. 수틀 잡는 법

바늘 잡는 손에 따라 4시 방향이나 8시 방향에서 수틀을 잡게 되는데요. 이때 엄지손
가락은 계속 원단에 닿게 되어 손을 열심히 씻어도 손때가 잘 탑니다. 수틀 옆으로 나
와 있는 천을 앞으로 끌어와서 잡으면 때가 덜 타요.

5. 실 꿰기와 매듭짓기

1 실 끝을 쪽가위로 한 번 자르고 바늘귀에 실을 밀어 넣습니다. 실이 잘 들어가지
   않아 끝이 갈라졌다면 쪽가위로 잘라서 다시 해봅니다.

2 바늘귀의 반대편에 있는 실 끝을 바늘 위에 얹은 뒤 실이 긴 쪽을 잡고 바늘에 한
   두 바퀴 감습니다. 감는 횟수는 천에서 매듭이 빠지지 않는 정도로 조절합니다.

3 2번 과정에서 감은 실을 엄지와 검지로 잡고, 반대쪽 손으로 바늘만 쭉 뽑아 당
   기면 매듭이 만들어집니다.

4 매듭 끝부분에 튀어나온 실은 꼭 잘라주세요. 자수하는 도중에 이 부분이 바늘
   에 걸리면 실이 앞으로 튀어나와 스티치가 지저분해질 수 있어요.

6. 바늘이 잘 빠지지 않는다면

자수를 놓다 보면 바늘이 잘 빠지지 않는 경우가 있어요. 첫 번째로 원단이 무명천일 때입니다. 무명천은 실을 꼬아서 짠 천이기 때문에 실 가운데에 바늘귀가 걸리면 잘 빠지지 않을 수 있어요. 이런 경우에는 티슈를 톡 뽑는 동작과 비슷한 느낌으로 힘을 주어서 바늘을 위로 빼냅니다. 그래도 잘 나오지 않는다면 바늘을 좌우로 몇 번 왔다 갔다 해 구멍을 넓힌 뒤 다시 시도해봅니다.

두 번째로 바늘이 매듭에 걸렸을 때입니다. 이때는 바늘을 힘주어서 위로 뽑으면, 매듭이 원단 위로 같이 딸려 올라와서 구멍이 크게 날 수 있어요. 이미 늘어났다면 새틴 스티치에서는 매듭을 잘라 스티치를 몇 개 풀어내고 실 길이를 확보한 뒤 마무리합니다. 빈 공간은 다시 수를 놓아 메워주세요.

◦ 자수 마무리하기 ◦

1. 마무리하는 법

1　수틀을 뒤집어 이미 수놓아둔 자수에 바늘을 넣어 통과시킵니다. 이때 바늘을 실 아래로 넣는 것이 아니라 실 중간에 넣어야 다시 빠지지 않아요.

2　다시 반대 방향으로 바늘을 통과시키면 실이 확실하게 고정됩니다. 쪽가위로 남은 실을 잘라주세요.

2. 자수펜 지우기 또는 수용성 심지 녹이기

수틀에서 천을 뺀 뒤 물에 담가 자수펜이나 수용성 심지를 제거합니다. 세면대에 물을 채워 15분 정도 담가둡니다. 자수펜을 사용했을 때 스프레이로 물을 뿌리면 처음에는 지워지는 것처럼 보이지만 자국이 남아있어서 나중에 얼룩이 생겨요.

수용성 심지는 가위로 여백을 최대한 많이 잘라낸 뒤 따뜻한 물(뜨거운 물은 안 돼요)에 30분 이상 담가둡니다. 천을 꺼내 물기를 털어낸 뒤 키친타월로 비비지 말고 눌러가며 물기를 제거하고 건조대에 널어 말립니다.

◦5가지 스티치로 준비 운동◦

1. 스트레이트 스티치 Straight Stitch

1   바늘을 원단 아래에서 위로 빼낸 뒤 약간의 간격을 두고 바늘을 넣어 한 땀을 수놓습니다.

2   원하는 간격으로 한 땀씩 수놓습니다.

1   2

2. 체인 스티치 Chain Stitch

선 수놓기

1   시작점에 바늘을 넣어 빼낸 뒤 같은 구멍에 바늘을 다시 넣습니다. 이때 실을 끝까지 당기지 않으면 고리가 만들어집니다.

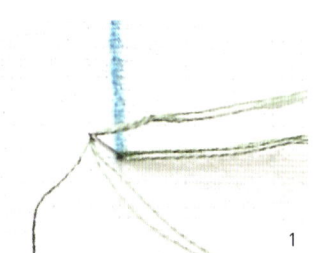

1

2 스티치 크기를 고려해 적당한 간격을 두고 바늘을 1번에서 만든 고리 사이를 통과하며 **빼냅니다.**

/ tip / 실을 당길 때 힘을 **빼고** 당기면 동그란 스티치가 되고, 힘을 주어 당기면 일자에 가까운 스티치가 됩니다.

3 1~2번 과정을 반복해 체인 스티치를 완성하고 짧게 스트레이트 스티치 한 땀을 수놓아 마지막 고리를 고정하며 마무리합니다.

/ tip / 마지막 한 땀은 크기가 작아야 전체적으로 모양이 예뻐요

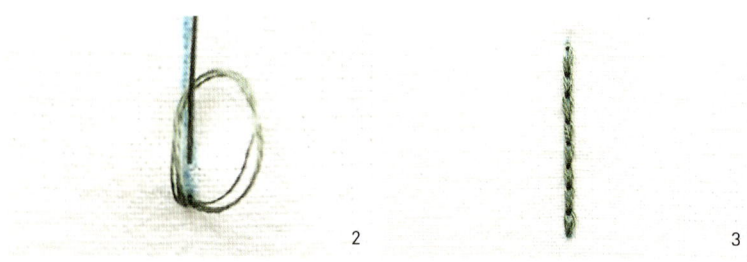

2   3

면 수놓기

1　도안의 가장 아랫부분에 체인 스티치를 한 줄 수놓고 마지막 고리를 고정하며 마무리합니다.

2　1번 스티치를 끝낸 지점의 약간 위에서 다음 체인 스티치를 시작해 마무리까지 합니다.

/tip / 체인 스티치의 모양을 살리려면 다음 스티치를 시작할 때 바로 전에 수놓은 스티치의 시작점과 간격을 약간 두고 수놓습니다.

3　1~2번 과정을 반복해 면을 채워 완성합니다.

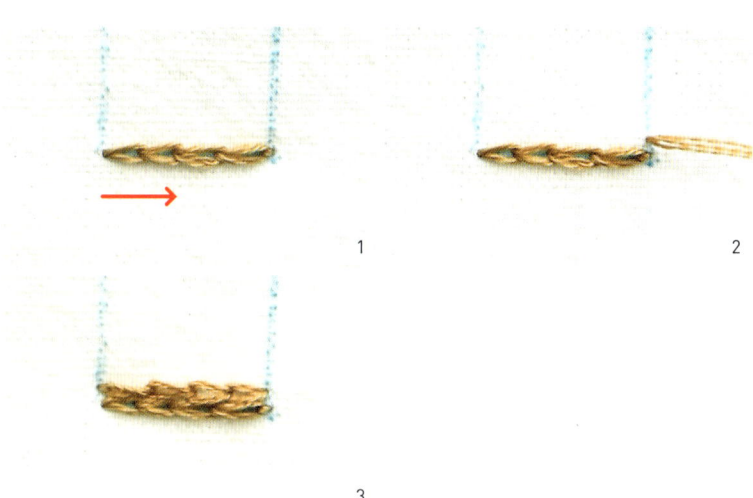

1

2

3

3. 새틴 스티치 Satin Stitch

원 수놓기

1   원 한가운데에 길게 스트레이트 스티치 한 땀을 수놓습니다.

2   왼쪽 또는 오른쪽 방향으로 채워나갑니다. 가장자리로 갈수록 한 땀의 길이가 짧아집니다.

     /tip / 원을 수놓을 때는 바깥쪽 라인이 매끄러워야 예쁘니 한 땀씩 수놓으면서 모양을 확인합니다. 이때 바늘을 넣는 각도는 90도입니다.

3   한쪽을 4분의 3 정도 채웠다면 이때부터는 바늘을 넣고 뺄 때 바늘 끝이 원 안쪽을 향하게 기울입니다.

     /tip / 원의 바깥쪽 라인을 매끄럽게 만들기 위해 3번 과정을 하다 보면 스티치가 앞서 수놓은 스티치에 쏙 들어가서 보이지 않는 경우가 있어요. 실을 풀어서 수정하지 말고 다시 수놓으면서 진행합니다.

4   반대쪽도 2~3번 과정을 반복해서 완성합니다.

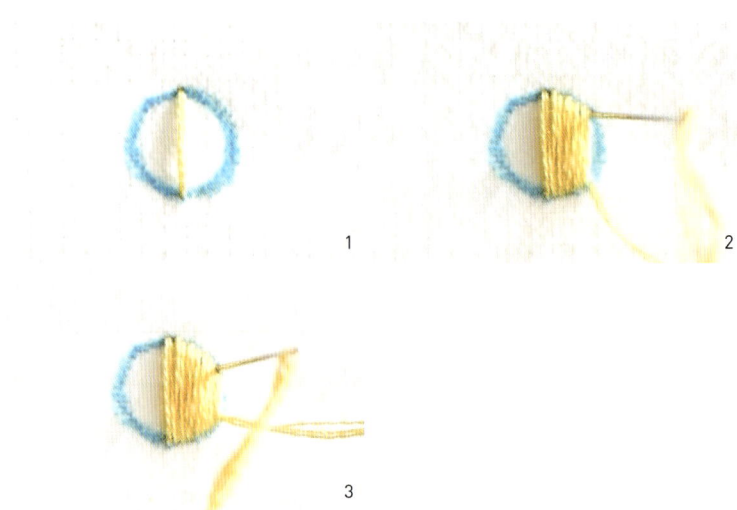

1

2

3

나뭇잎 수놓기

1   잎사귀 오른쪽 면의 위에서 3분의 1 지점에서 시작합니다. 바늘을 잎사귀 바깥쪽에서 빼내어 안쪽 방향으로 비스듬하게 넣습니다.

2   아래부터 채워나가는데 바깥쪽 라인은 최대한 앞서 수놓은 땀에 가까이 붙여 수놓고, 가운데 잎맥 쪽은 바늘 하나가 들어갈 정도로 간격을 띄워서 수놓아주세요.
    / tip / 잎사귀는 사선으로 일정하게 수놓아야 예쁜 모양이 나와요. 가운데 잎맥 쪽에 바늘을 넣을 때 간격을 띄우지 않으면 스티치가 점점 수평이 되니 유의합니다.

3   아래쪽으로 갈수록 가운데 잎맥에 바늘을 넣을 때 간격을 더 띄워줍니다. 단, 빈 공간이 생기지 않게 간격을 조절합니다.

1

2

3

4 아래쪽을 다 수놓았다면 위쪽을 채웁니다. 이번에는 반대로 잎맥 쪽에서 바늘을 빼내어 바깥쪽으로 넣으며 수놓습니다.

5 왼쪽 면도 1~4번 과정과 같은 방법으로 채워 잎사귀를 완성합니다.
/ tip / 잎맥이 없는 세로로 긴 잎사귀를 수놓을 때는 왼쪽 면이나 오른쪽 면 중 하나만 수놓으면 됩니다. 스티치는 어느 방향이든 상관없으니 놓기 쉬운 쪽을 선택해주세요.(061쪽 참고)

4-1

4-2

5

4. 스플릿 스티치 Split Stitch

선 수놓기

1   스티치끼리 반씩 겹쳐서 수놓는 기법이므로 스트레이트 스티치 한 땀을 약간 길게 수놓습니다.

2   앞서 수놓은 땀을 가르면서 바늘을 아래에서 위로 빼냅니다. 이때 바늘이 올라오는 지점이 땀의 정중앙이어야 모양이 예쁘게 나와요.

3   1~2번 과정을 반복해 끝까지 수놓은 뒤 마지막 땀은 앞서 놓은 땀의 절반 길이로 수놓고 마무리합니다.

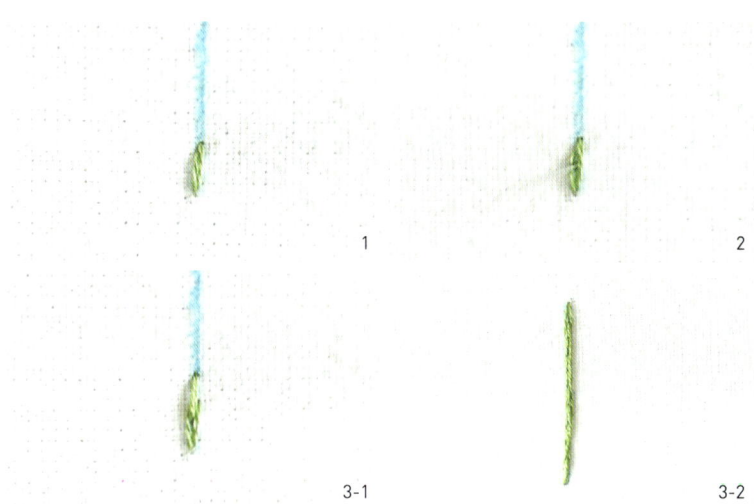

1   2

3-1   3-2

면 수놓기

1   아래쪽부터 가로로 스플릿 스티치 한 줄을 수놓고 마무리까지 합니다.

2   1번 스티치가 끝난 지점의 바로 위에서 다음 스티치를 시작해 한 줄을 수놓고 마무리까지 합니다.

3   1~2번 과정을 반복해 채워서 완성합니다.

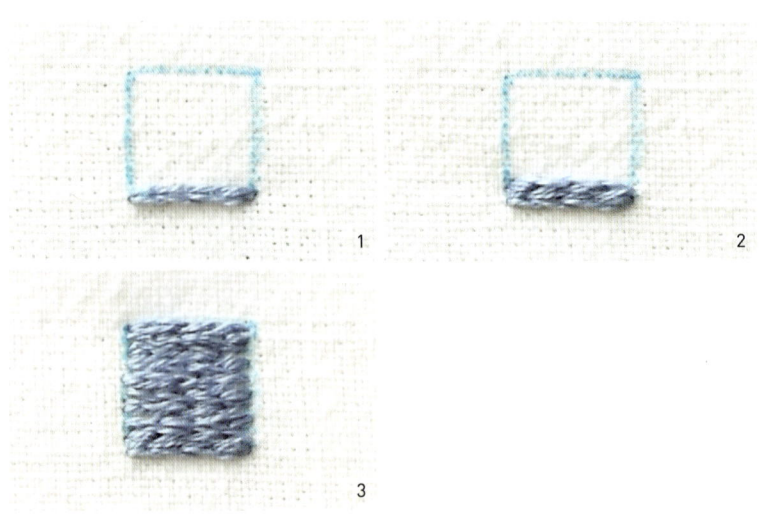

5. 롱 & 쇼트 스티치 Long and Short Stitch

/ tip / 긴 땀과 짧은 땀을 번갈아 수놓으며 면을 채우는 기법입니다. 짧은 땀은 맨 윗줄에만 있고 나머지는 긴 땀으로 수놓는 점을 꼭 기억해주세요. 아래 예시에서는 4칸으로 면적을 나눴지만 도안에 따라 적절히 칸을 나눠 수놓습니다.

1   전체 면적을 4칸으로 나눠 ①, ②번 칸 한가운데에 긴 땀 하나, 짧은 땀 하나를 수놓습니다.

2   1번 과정을 반복해 오른쪽을 수놓습니다.

3   다시 중간 지점으로 돌아와 남은 반대쪽도 마저 수놓습니다.
   / tip / 수놓는 순서를 꼭 지켜주세요. 중간→오른쪽→왼쪽 또는 중간→왼쪽→오른쪽. 순서를 지키지 않고 수놓으면 도안에 따라 굉장히 헷갈릴 수도 있어요.

4   ②~③번 칸과 ③~④번 칸을 긴 땀으로만 채워나갑니다.

5   ④번 칸의 남은 부분은 짧은 길이의 땀으로 채워서 완성합니다.

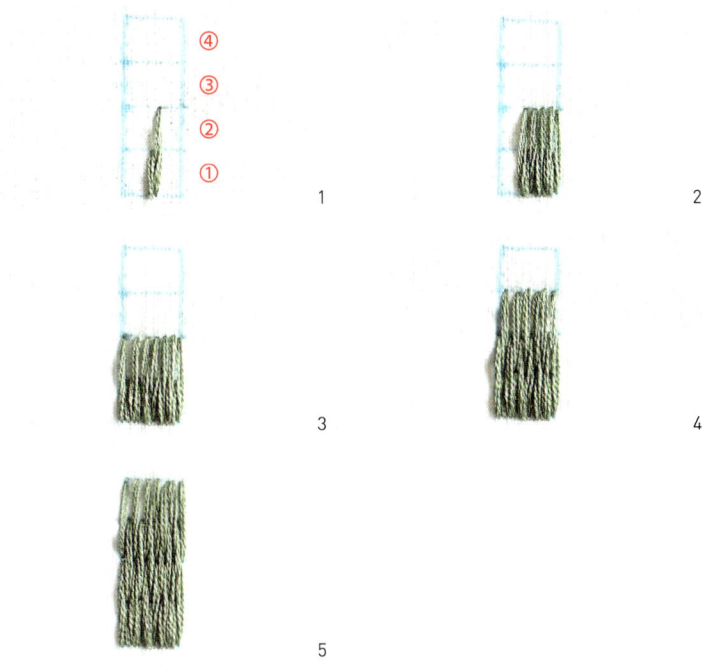

하나,
일상 속 초록

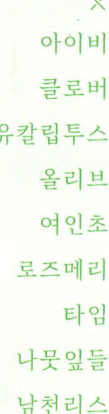

아
이
비

● **잎사귀**

- - -   새틴 스티치

∞   989 / 988 / 987 / 907

● **가지**

- - -   스플릿 스티치

∞   436

436(3) 스플릿

988(2) 새틴

989(2) 새틴

987(2) 새틴

907(2) 새틴

새틴 스티치로 아이비 잎 수놓기

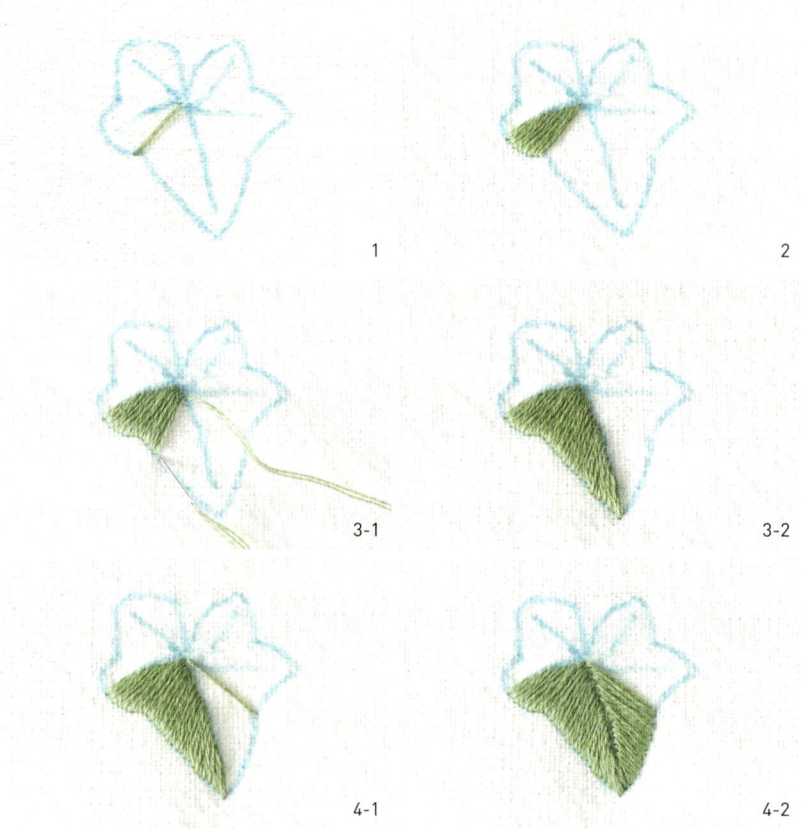

1   잎맥을 중심으로 ^ 모양을 이룰 수 있게 유의합니다. 잎맥과 잎맥 사이에 먼저 한 땀을 수놓아 반으로 나눕니다.

2   면적이 좁은 왼쪽 면을 먼저 새틴 스티치로 수놓습니다.

3   이어서 면적이 넓은 부분을 채워나갑니다. 새틴 스티치 나뭇잎 수놓기(031쪽)를 참고해 중심에서 멀어질수록 스티치의 경사가 점점 가팔라지게 수놓습니다.

4   오른쪽 면을 채울 때는 잎맥을 표현하기 위해 밑그림이 살짝 보일 정도로 왼쪽 면과 수놓는 간격을 약간 띄웁니다. 잎맥은 끝까지 이어지지 않으니 잎사귀 끝 부분은 두 면이 맞닿도록 수놓습니다.

5   나머지 면도 1~4번 과정을 반복해 수놓습니다.

2

클
로
버

- **잎사귀**
  --- 롱 & 쇼트 스티치
  ∞ 988 / 164

- **줄기**
  --- 스플릿 스티치
  ∞ 988

● 164(2) 롱 & 쇼트
● 988(2) 롱 & 쇼트

988(3) 스플릿

변형된 롱 & 쇼트 스티치로 무늬가 있는 클로버 잎사귀 채우기

1 잎사귀의 무늬를 롱 & 쇼트 스티치로 너무 촘촘하지 않게 수놓습니다. 결 방향을 고려해 수놓는 각도에 유의하세요.

2 아래쪽은 롱 & 쇼트 스티치를 세 가지 길이(2칸, 1.5칸, 1칸)로 수놓습니다. 먼저 2칸짜리 땀을 3~4개 수놓고, 남은 공간은 세 가지 길이의 땀을 불규칙한 순서로 섞어 수놓습니다.

/ tip / 클로버 무늬와 자연스럽게 이어지도록 1번에 수놓은 땀 사이로 바늘을 끼워 넣어 수놓습니다. 바늘을 너무 위로 올려 넣으면 클로버 무늬가 가려지니 1mm 정도만 겹치게 넣습니다.

3 위쪽도 2번 과정과 같은 방법으로 수놓습니다.

4 1~3번 과정을 반복해 왼쪽 면도 수놓습니다.

4

3

유
칼
립
투
스

technique & thread × ────────

● 잎사귀

- - -   체인 스티치

∞   989 / 988 / 987 / 986 / 164

● 줄기

- - -   스플릿 스티치

∞   907

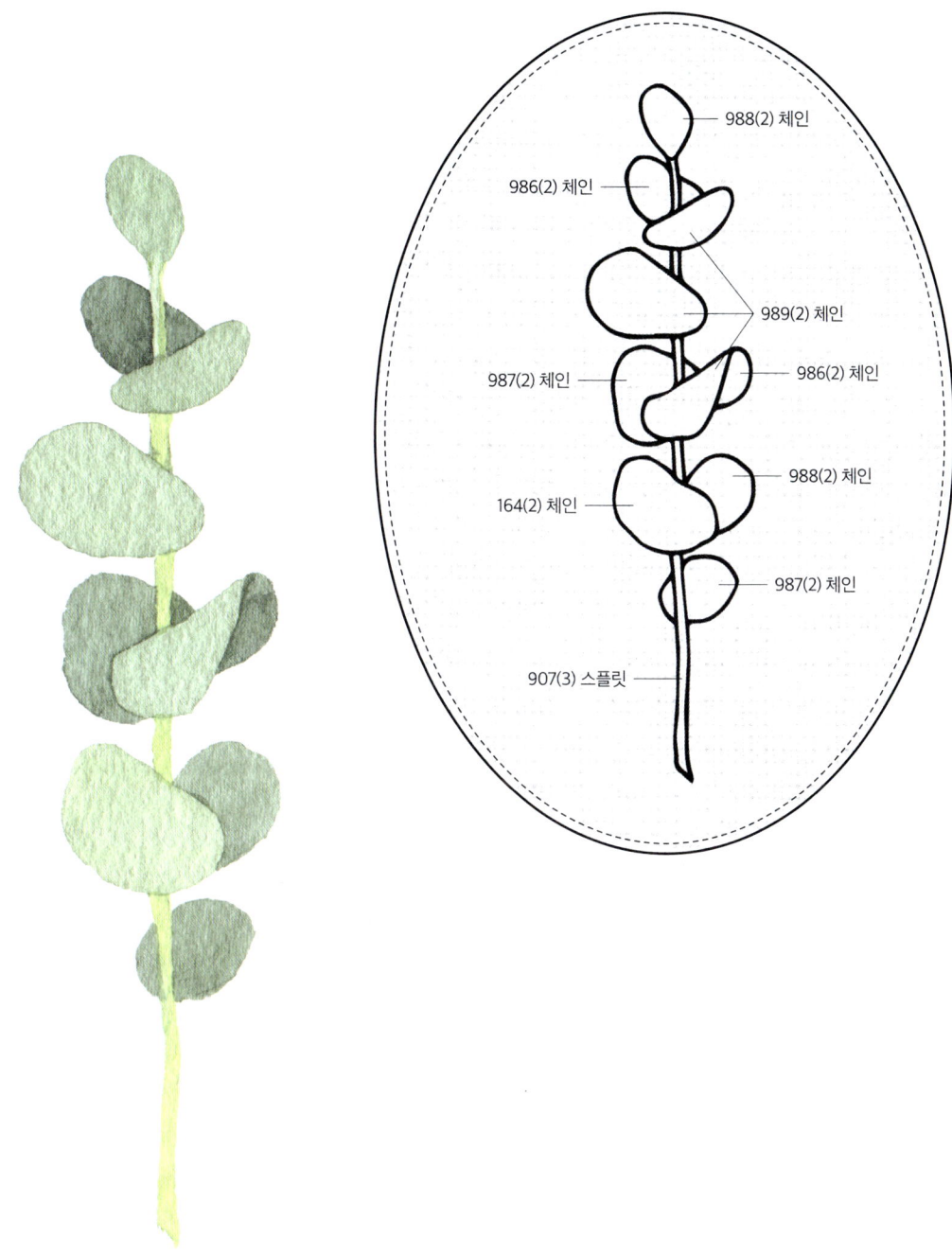

988(2) 체인

986(2) 체인

989(2) 체인

987(2) 체인

986(2) 체인

988(2) 체인

164(2) 체인

987(2) 체인

907(3) 스플릿

체인 스티치로 타원 모양 채우기

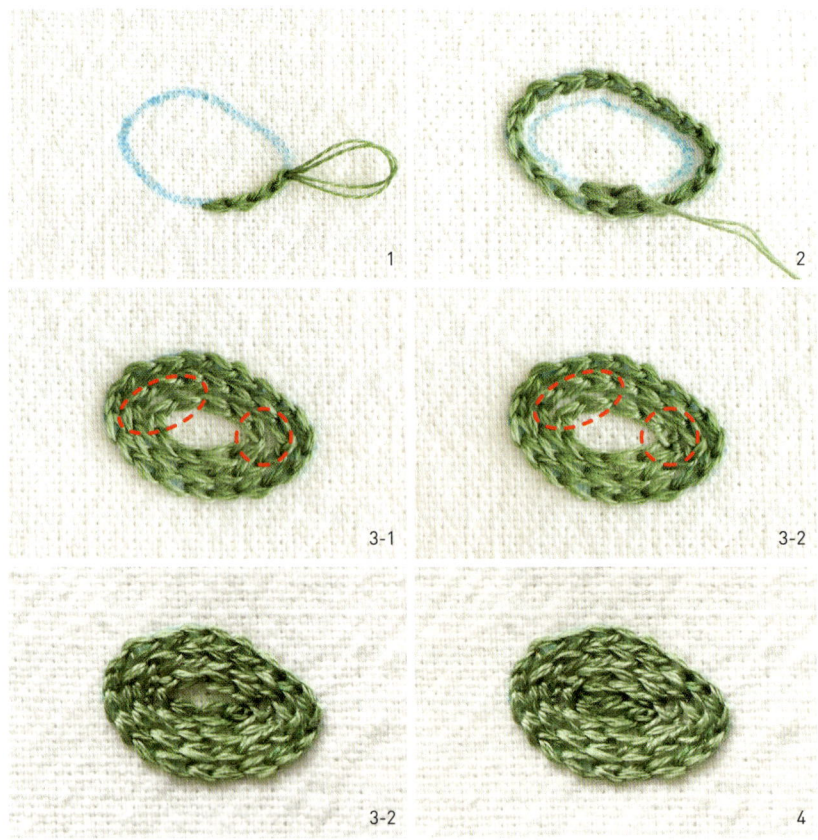

1   밑에서부터 시작해 시계 반대 방향으로 체인 스티치를 수놓습니다. 곡선으로 꺾이는 부분에서는 땀 크기를 줄여 수놓고, 시작 지점으로 돌아와 마무리합니다.

2   두 번째 줄부터는 바깥 선을 참고해서 1과 같이 수놓아요. 또는 자수펜으로 밑그림을 그려놓고 수놓아도 좋습니다.

3   안쪽으로 갈수록 원 크기가 작아져 스티치 모양이 제대로 나오지 않고 빈 공간이 생길 거예요. 그대로 두고 한 줄을 완성한 다음 일정하지 않은 땀에 바늘을 넣어 스트레이트 스티치를 수놓으며 빈 공간을 채웁니다.

4   마지막 줄은 왼쪽에서 시작해 일자로 수놓은 뒤 마무리하고, 바로 위에서 다시 일자로 수놓아 마무리합니다.

4

올
리
브

technique & thread ×

● **잎사귀**

- - -   새틴 스티치

∞   989 / 988 / 987 / 986 / 164

● **줄기**

- - -   스플릿 스티치

∞   436

986(2) 새틴

989(2) 새틴

987(2) 새틴

987(2) 새틴

987(2) 새틴

987(2) 새틴

164(2) 새틴

988(2) 새틴

164(2)
새틴

989(2) 새틴

164(2) 새틴

988(2) 새틴

436(3)
스플릿

새틴 스티치로 잎맥이 있고 세로로 긴 잎사귀 수놓기

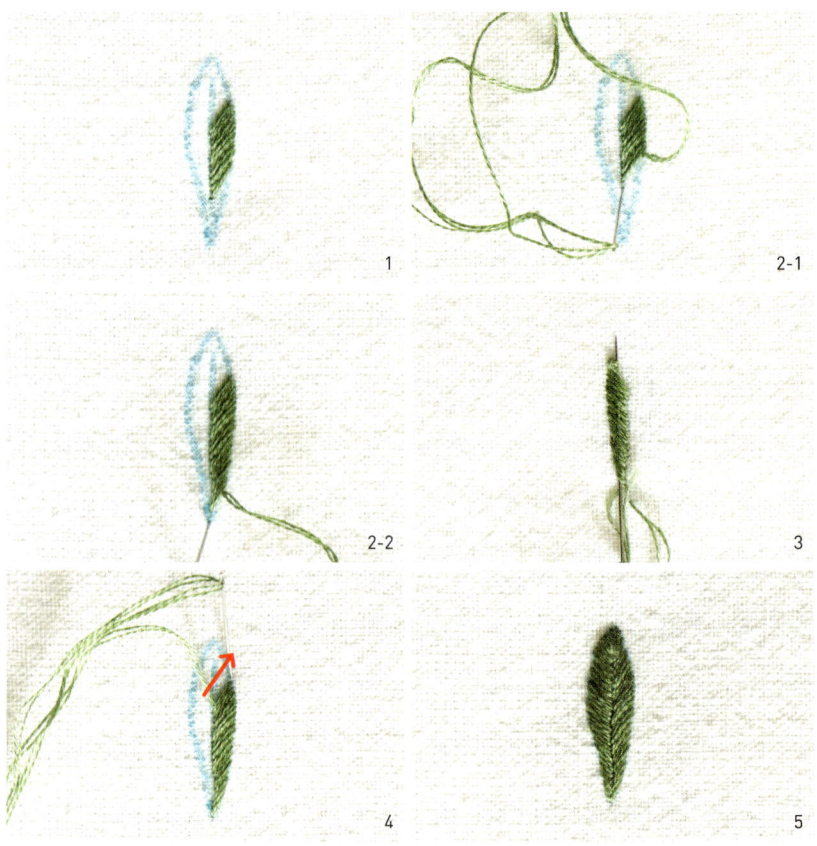

1 새틴 스티치 나뭇잎 수놓기(031쪽)를 참고해 잎사귀의 오른쪽 면부터 수놓습니다.

2 잎사귀 면적이 좁아지는 부분에서는 먼저 수놓은 땀과 간격이 더 벌어지도록 바늘을 뺍니다. 끝으로 갈수록 간격이 점점 넓어집니다.

3 끝까지 채웠다면 수틀을 뒤집어 수놓은 스티치에 바늘을 통과시킵니다.

4 나머지 윗부분은 가운데에서 바깥쪽으로 수놓아요. 가운데 쪽은 바늘을 먼저 수놓은 땀에 바짝 붙여 빼고, 바깥쪽은 간격을 살짝 두고 바늘을 넣습니다.

5 1~4번 과정을 참고해 왼쪽 면도 채웁니다. 이때 오른쪽 면과 간격을 살짝 띄워 잎맥을 표현하고 끝부분은 맞닿게 수놓아 마무리합니다.

5

여인초

technique & thread

- **잎사귀**

새틴 스티치

989 / 988 / 987 / 986 / 907

- **줄기**

스플릿 스티치

988 / 987 / 907

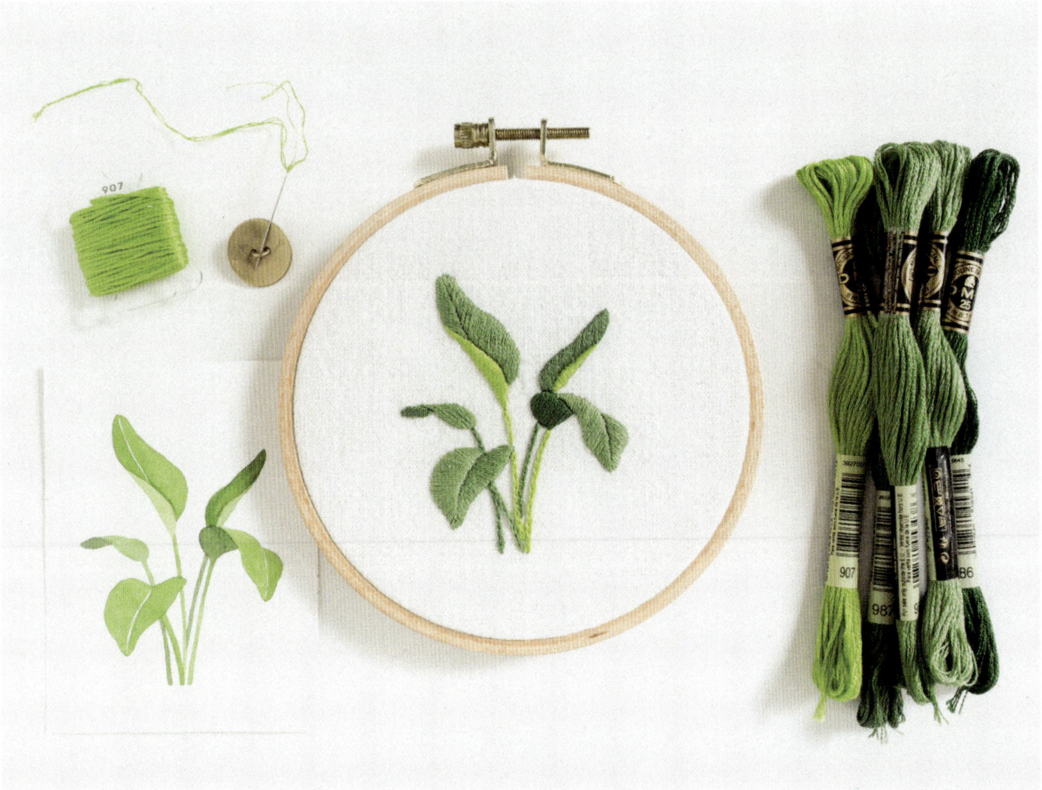

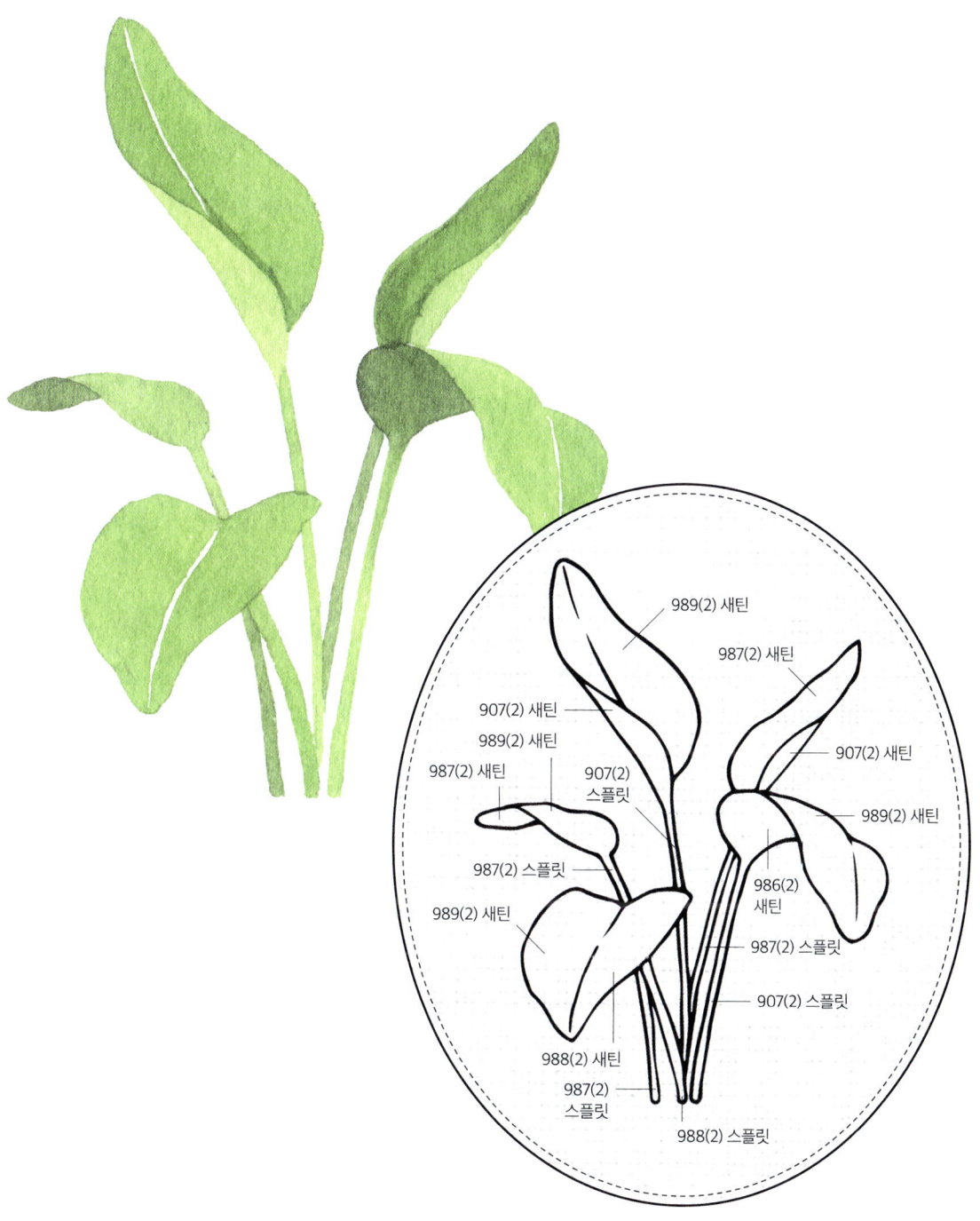

989(2) 새틴

987(2) 새틴

907(2) 새틴

989(2) 새틴

987(2) 새틴

907(2) 새틴

907(2)
스플릿

989(2) 새틴

987(2) 스플릿

986(2)
새틴

989(2) 새틴

987(2) 스플릿

907(2) 스플릿

988(2) 새틴

987(2)
스플릿

988(2) 스플릿

새틴 스티치로 잎맥이 있는 잎사귀 채우기

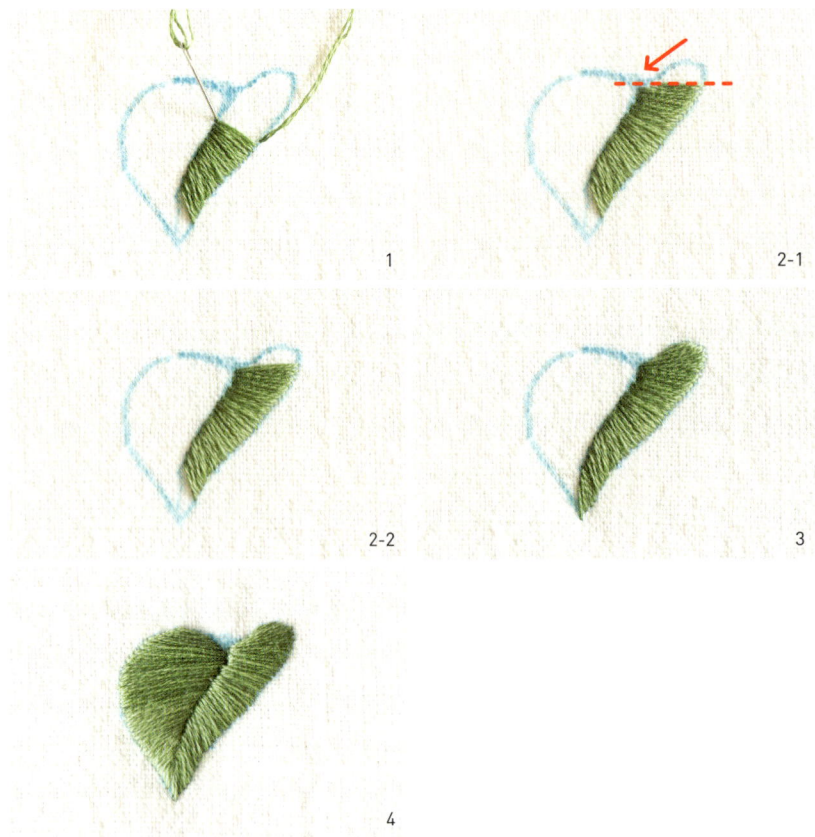

1   자수를 시작하기 전에 완성 사진의 결 방향을 확인합니다. 새틴 스티치로 아래 쪽부터 수놓습니다.

    / tip / 처음에는 각도 변화 없이 수놓다가 잎사귀 바깥쪽의 간격은 넓히고 잎맥 쪽은 바짝 붙여 수 놓으면서 점점 수평이 되도록 각도를 조절합니다. 이때 빈 공간이 생기지 않도록 주의합니다.

2   표시된 지점까지 오면 땀이 수평을 이룹니다. 그 위로 수놓는 땀은 화살표를 향하도록 합니다. 표시된 지점을 향하되 잎맥에 닿지 않도록 두 땀을 수놓고, 마지막 땀은 잎맥에 바짝 붙여 수놓으면 깔끔하게 채워집니다.

3   같은 방법으로 남은 부분도 마저 채워주세요. 아래쪽은 반대로 땀이 점점 수직이 되도록 각도를 조절하면서 수놓습니다.

4   반대쪽도 1~3번 과정을 반복해 수놓습니다.

로
즈
메
리

- **잎사귀**
- - - 새틴 스티치
∞ 989 / 988 / 987 / 986 / 164

- **가지**
- - - 스플릿 스티치
∞ 436

989(2) 새틴
988(2) 새틴
987(2) 새틴
986(2) 새틴
164(2) 새틴

436(2) 스플릿

436(2) 스플릿

436(3) 스플릿

436(4) 스플릿

스플릿 스티치로 점점 가늘어지는 가지 수놓기

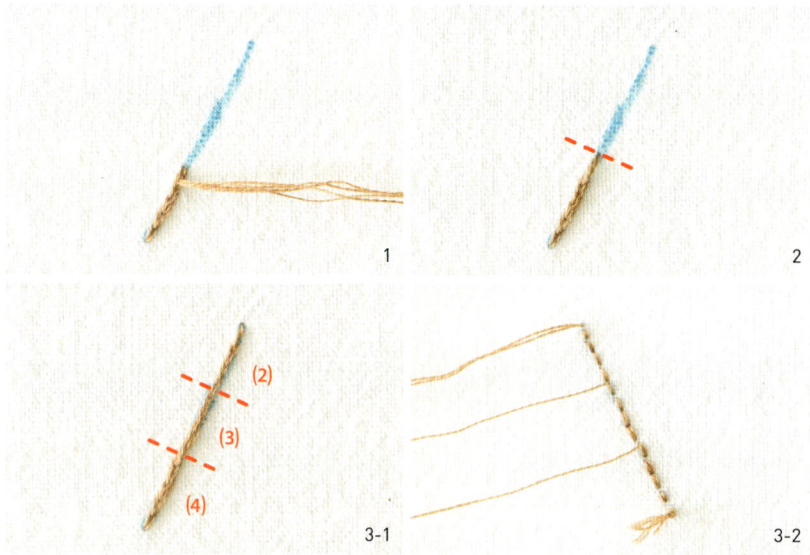

1. 가지 아래쪽에서 실 4가닥으로 스플릿 스티치를 시작합니다.

2. 중간까지 수놓았을 때 바늘을 위로 빼지 않은 상태에서 수틀을 뒤집어 바늘에서 실 1가닥을 빼주세요. 그리고 수틀을 다시 뒤집어 3가닥으로 두세 땀을 수놓습니다.

   /tip/ 실이 뒤에서 서로 엉키지 않도록 정리하며 수놓습니다.

3. 수틀을 뒤집어 실 1가닥을 바늘에서 뺍니다. 이제 2가닥으로 남은 부분을 마저 채우고 마무리합니다.

사선 모양의 새틴 스티치로 로즈마리 잎 채우기

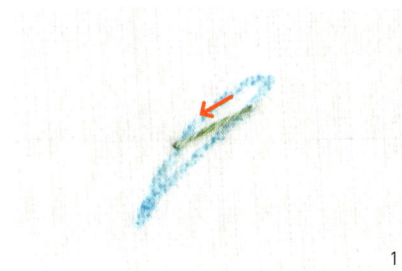

1. 위에서 3분의 1 정도 지점에 사선으로 한 땀을 수놓습니다.

   /tip/ 잎 끝이 오른쪽을 향하고 있다면 스티치도 같은 방향으로 기울어지게 해주세요.

2

3

4-1

4-2

2   아래쪽부터 수놓는데 아래로 갈수록 땀의 각도는 더 가팔라져야 합니다. 잎사귀 오른쪽 라인에 바늘을 뺄 때는 먼저 수놓은 땀과 바짝 붙어서 빼냅니다. 왼쪽 라인에 바늘을 넣을 때는 간격을 띄어야 비스듬한 각도로 수놓을 수 있습니다.

3   계속 채워나가다 보면 땀이 잎 바깥으로 빠져나가게 되어 도안이 가려집니다. 이때는 바늘을 최대한 오른쪽으로 꺾어 수놓은 땀을 건드리지 않고 빼면 가려진 부분이 드러납니다.

4   아래쪽 끝까지 채웠다면 위쪽도 마저 채워주세요. 아래쪽을 채울 때와는 반대로 바늘이 왼쪽에서 나와 오른쪽으로 들어가도록 해주세요.

7

타임

- **잎사귀**
  - `---` 새틴 스티치
  - `∞` 989 / 988 / 987 / 986 / 907

- **가지**
  - `---` 스플릿 스티치
  - `∞` 779

● 989(2) 새틴
● 988(2) 새틴
● 987(2) 새틴
● 986(2) 새틴
● 907(2) 새틴

779(4) 스플릿

새틴 스티치로 쌀알 모양의 세로결 잎사귀 채우기

1 잎사귀 가운데에 한 땀을 수놓습니다.

2 새틴 스티치로 오른쪽 면을 먼저 채웁니다. 앞서 수놓은 땀에 최대한 바짝 붙여
   서 다음 땀을 수놓습니다.
   /tip/ 바늘을 살짝 기울여서 넣으면 더 통통한 새틴 스티치가 나옵니다.

3 오른쪽 면을 다 채우고 나면 수놓은 땀이 왼쪽으로 밀려있는 것이 정상입니다.

4 왼쪽 면도 오른쪽 면과 같이 촘촘하게 수놓으면 도톰한 새틴 스티치가 완성됩
   니다.

나뭇잎들

● **은행잎**

---   체인 스티치

∞   907

● **유칼립투스**

---   새틴 스티치(잎사귀) / 스플릿 스티치(가지)

∞   988(잎사귀) / 436(가지)

● **메타세콰이어**

---   새틴 스티치(잎사귀) / 스플릿 스티치(가지)

∞   989

● **작은 잎사귀**

---   새틴 스티치(잎사귀) / 스플릿 스티치(가지)

∞   989(잎사귀, 가지) / 987(잎사귀, 가지) / 986(잎사귀)

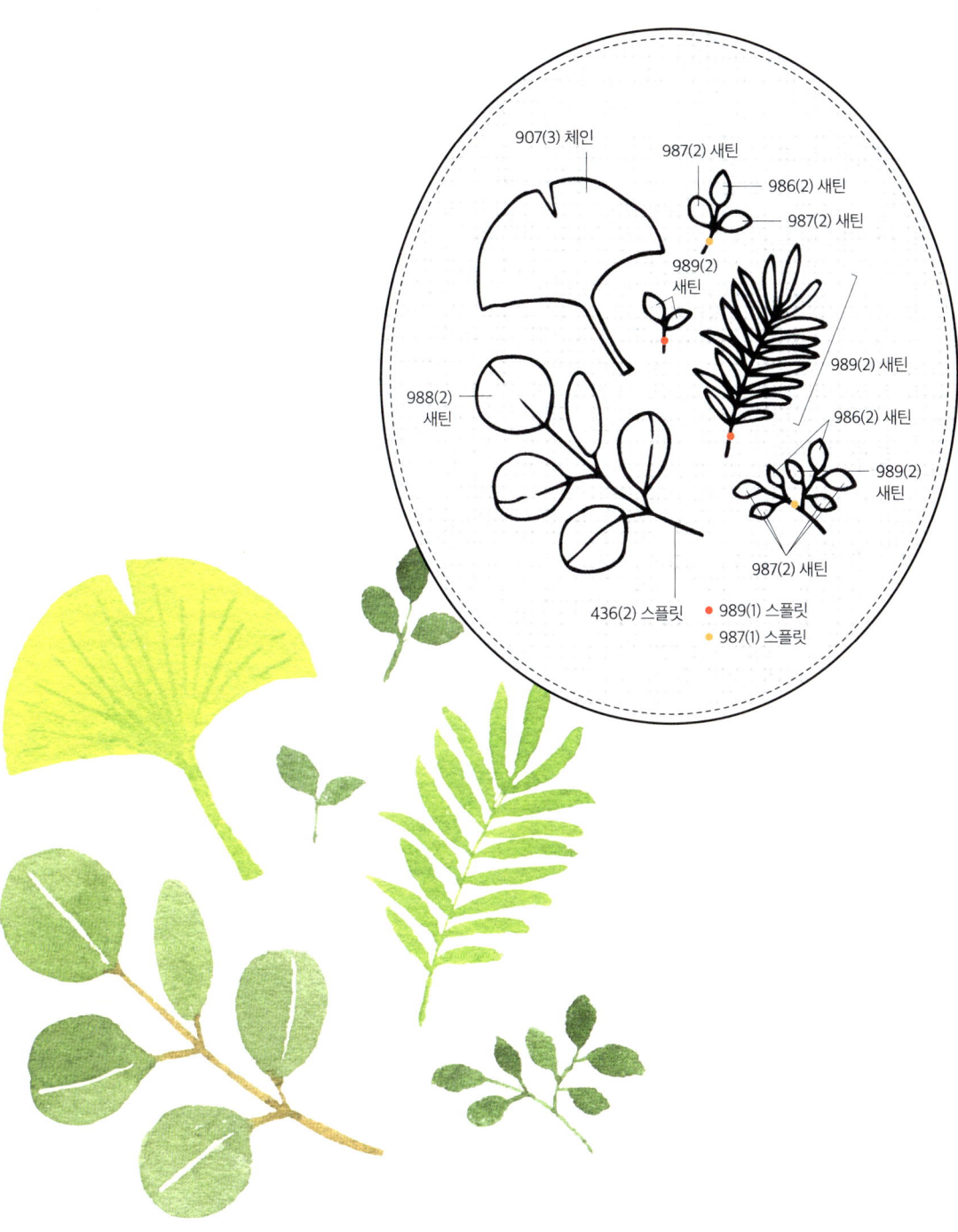

907(3) 체인

987(2) 새틴

986(2) 새틴

987(2) 새틴

989(2)
새틴

989(2) 새틴

988(2)
새틴

986(2) 새틴

989(2)
새틴

987(2) 새틴

436(2) 스플릿

● 989(1) 스플릿
● 987(1) 스플릿

남천 리스

technique & thread

- **잎사귀**

::: 새틴 스티치

∞ 989 / 988 / 987 / 986 / 907 / 164

- **가지**

::: 스플릿 스티치

∞ 779

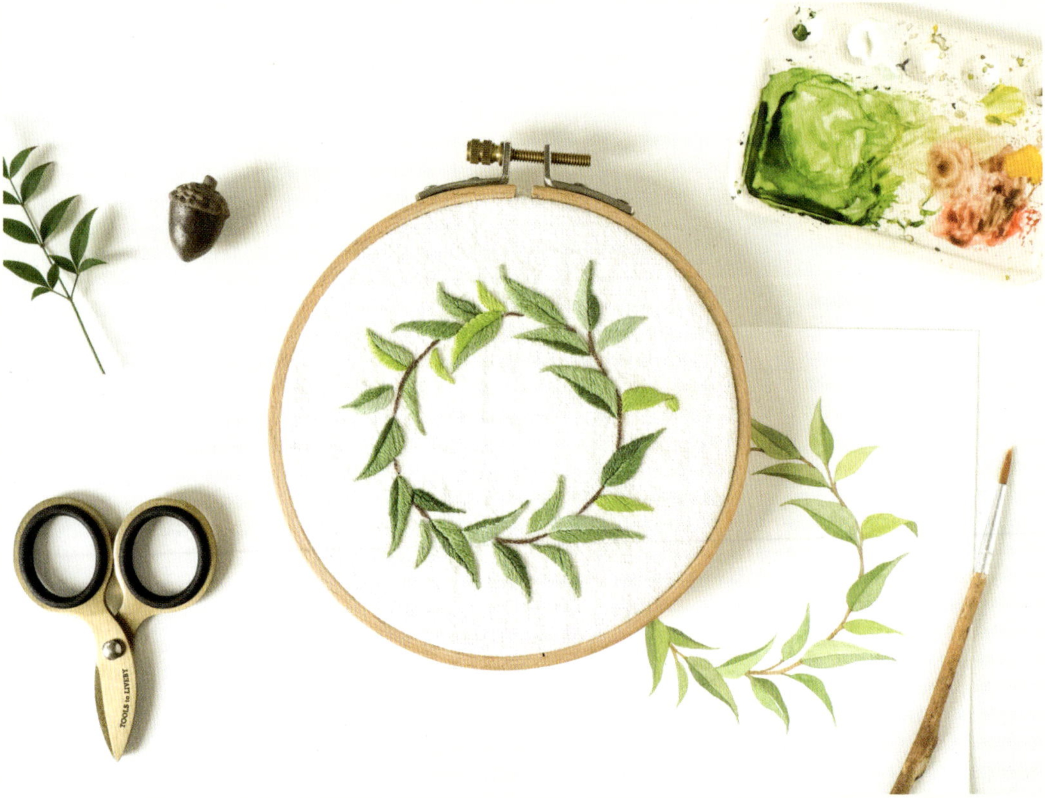

● 989(2) 새틴
● 988(2) 새틴
● 987(2) 새틴
● 986(2) 새틴
● 907(2) 새틴
● 164(2) 새틴

779(2) 스플릿

둘,
화분 속 초록

1

생선뼈 선인장

technique & thread ✕ ────────────

- **선인장**
  - --- 스플릿 스티치(테두리, 중심선) / 체인 스티치(잎)
  - ∞ 987

- **화분**
  - --- 체인 스티치
  - ∞ 436

987(2) 스플릿

987(3) 스플릿

987(2) 체인

436(3) 체인

곡선 스플릿 스티치로 선인장 수놓기

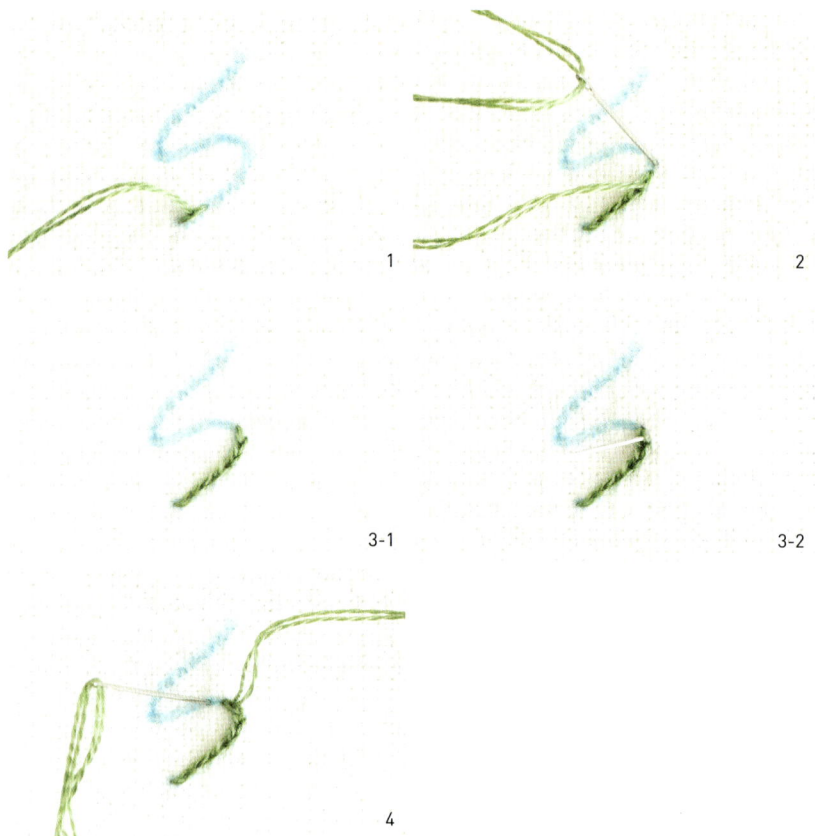

1

2

3-1

3-2

4

1   선인장의 테두리는 스플릿 스티치로 수놓습니다. 이때 땀 길이가 너무 길거나 짧지 않게 합니다.

2   곡선이 시작될 때는 땀의 크기를 줄여서 수놓습니다.

3   곡선 부분에서 실이 밑그림에서 삐져나오면 바늘을 아래에서 위로 찔러 살짝 나오게 한 뒤, 왼쪽으로 기울여서 삐져나온 실 중간에 바늘을 넣고 끌어당겨주 세요.

4   다시 직선 구간이 시작되면 1번 땀과 같은 길이로 수놓습니다.

/🪴/ 화분은 체인 스티치로 수놓습니다. 아래에서 위로 채워나가는데, 한 줄을 수놓고 마무리하고 바로 위에서 다음 줄을 시작합니다. 이 과정을 반복해서 완성합니다.

(2)

필
레
아
페
페

- **잎사귀**
- - - 새틴 스티치
∞ 989 / 988 / 987 / 986

- **줄기**
- - - 스플릿 스티치
∞ 164

- **화분**
- - - 체인 스티치
∞ 436

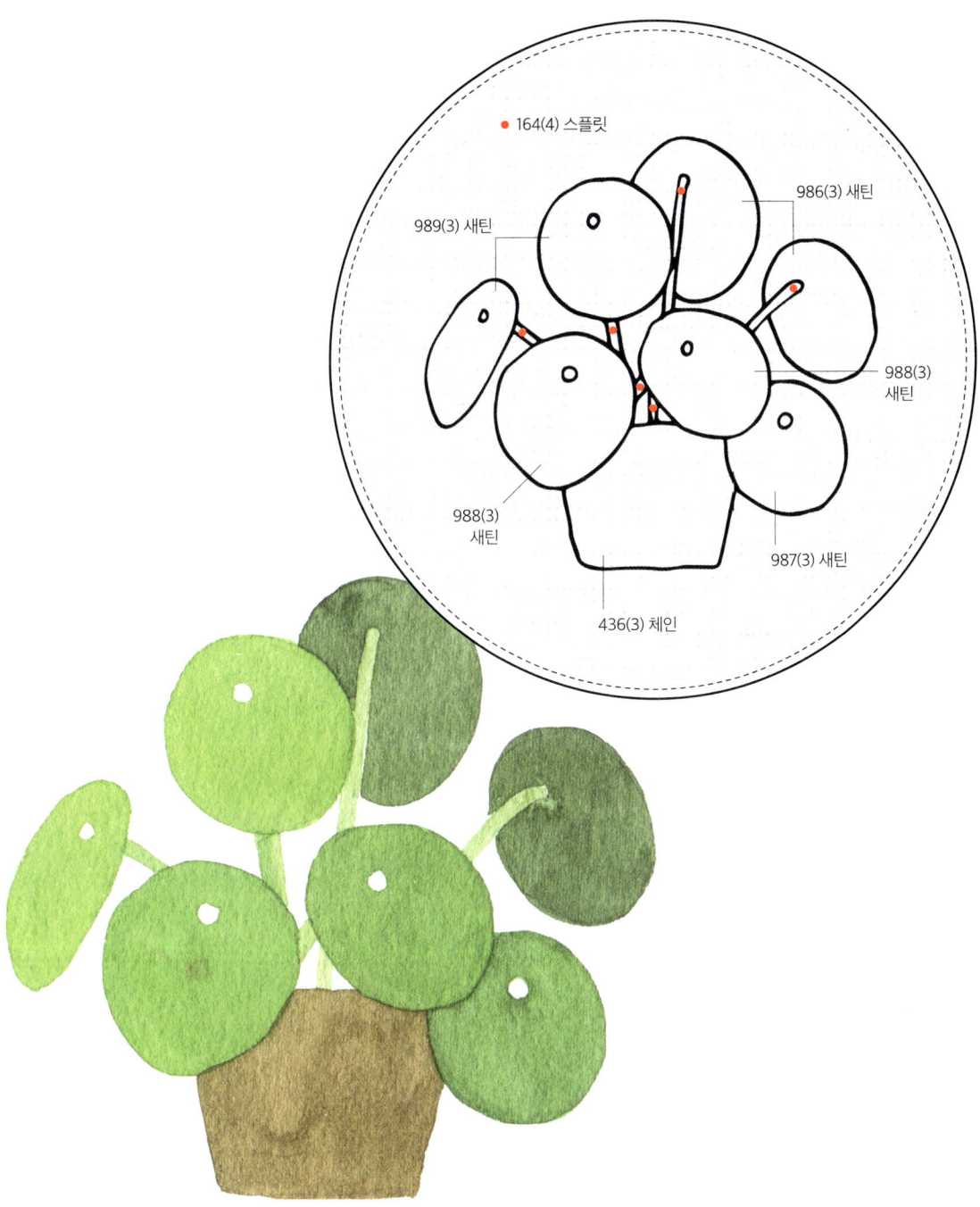

● 164(4) 스플릿

989(3) 새틴

986(3) 새틴

988(3)
새틴

988(3)
새틴

987(3) 새틴

436(3) 체인

변형된 새틴 스티치로 잎사귀 채우기

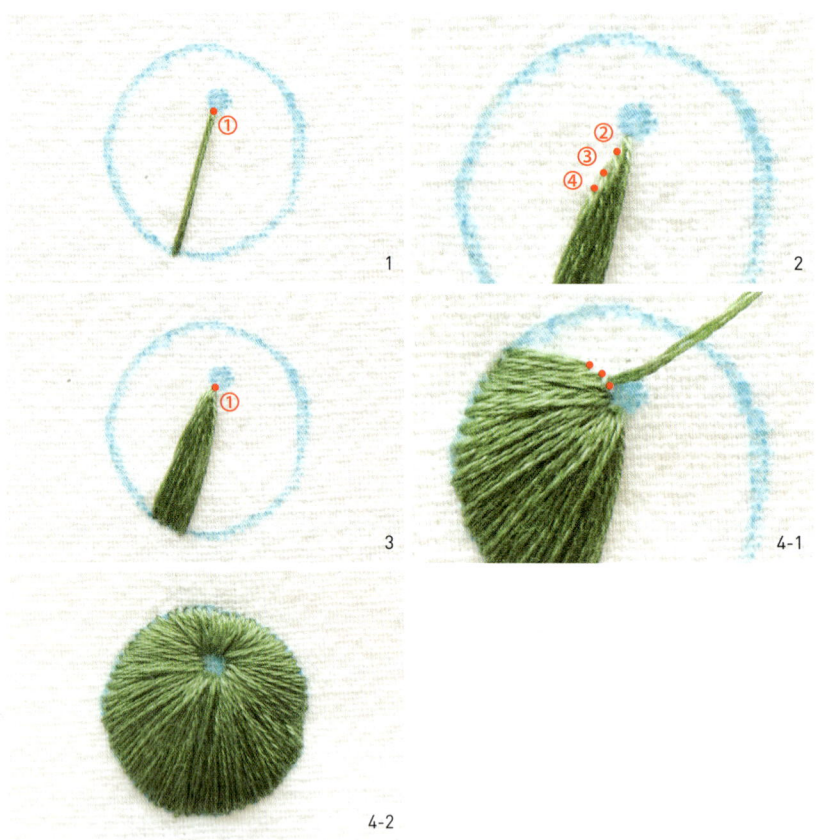

1　잎 안쪽 상단의 동그란 지점부터 잎의 끝부분까지 한 땀을 수놓습니다.

2　두 번째 땀은 ①번 땀보다 약간 내려온 지점에서 수놓습니다. 같은 방식으로 서너 개의 땀을 수놓습니다. 여기까지가 한 세트입니다.

3　다음 땀은 다시 올라와서 ①번과 같은 위치에서 수놓습니다. 2번 과정에서 수놓은 스티치들의 시작점을 가리면서 부채꼴 모양이 됩니다.

　　/ tip / 채우는 면적에 따라 한 세트에 들어가는 땀의 개수가 달라집니다. 책에서는 가장 넓은 부분은 4개, 가장 좁은 부분은 2개를 수놓았습니다. 한 세트에 수놓은 땀이 너무 많으면 3번 과정에서 시작점이 다 가려지지 않으니 적절히 조절해주세요.

4　1~3번 과정을 반복해 수놓으며 잎을 완성합니다.

　　/ tip / 거의 다 채울 때쯤에는 시작점 부분은 면적이 좁아져서 같은 구멍에 바늘을 넣기가 어려워집니다. 이때는 1mm 정도 아래나 옆에 놓습니다.

/ 🪴 / 화분은 체인 스티치로 수놓습니다. 체인 모양을 만들 때 구멍 뒤로 천이 보이지 않게 실을 힘 주어 당겨 촘촘한 스티치를 만들어주세요.

3

사
랑
초

● **잎사귀**

- - -   체인 스티치

∞   989 / 988 / 987 / 902 / 164

● **가지**

- - -   스플릿 스티치

∞   164

● **화분**

- - -   롱 & 쇼트 스티치

∞   822

● 989(2) 체인
● 988(2) 체인
● 987(2) 체인
● 902(2) 체인
● 164(2) 체인
● 164(3)
　스플릿

822(4) 롱 & 쇼트

체인 스티치로 가운데 잎맥이 없는 잎사귀 채우기

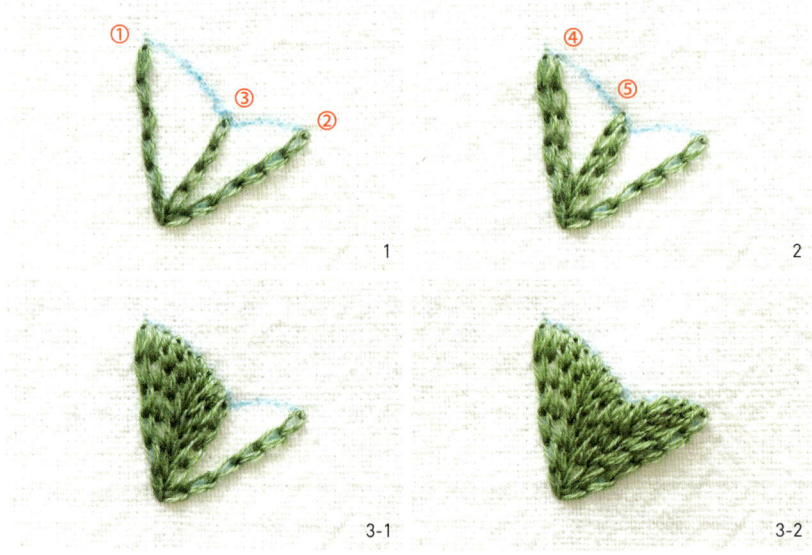

1   잎의 가장자리를 따라서 두 줄을 수놓고(①, ②) 꼭짓점에서 잎이 갈라지는 지점
까지 또 한 줄을 수놓습니다. (③)

2   왼쪽 면부터 채울 거예요. ① 바로 옆에 한 줄을 수놓은 뒤(④), ③ 옆에 또 한 줄
을 수놓습니다. (⑤)

3   2번 과정을 반복하며 왼쪽 면을 채웁니다. 오른쪽 면도 같은 방법으로 수놓습
니다.

롱 & 쇼트 스티치로 화분 수놓기

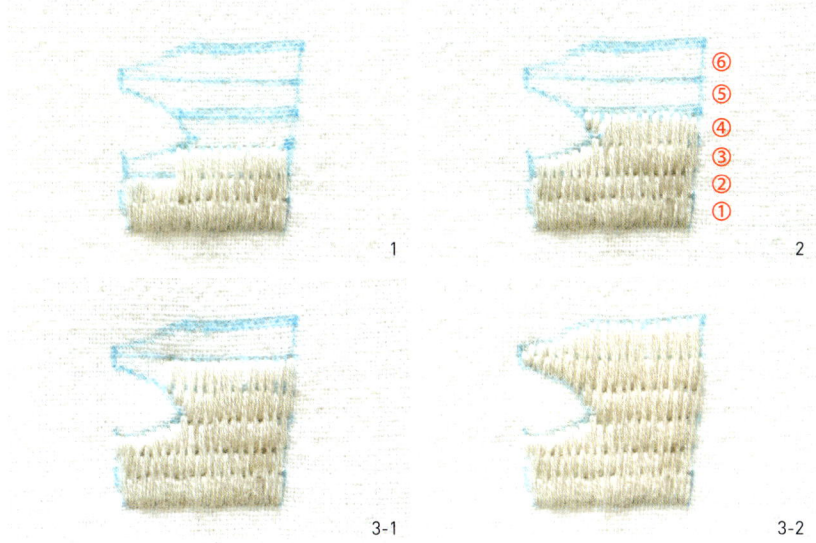

1

1 화분 밑그림에 가로로 다섯 줄을 긋고, 롱 & 쇼트 스티치로 아래에서 위로 수놓습니다. 이때 가운데에서 시작해 오른쪽을 채우고 다시 왼쪽을 채우는 순서를 꼭 지켜주세요.

2 네 번째 칸의 왼쪽은 잎사귀에 가려지기 때문에 땀 크기를 줄여 수놓습니다. 아래 칸의 땀과 이어진다는 느낌이 들도록 수놓는 위치를 신경써주세요.
/ tip / 땀 크기가 작아지면 땀이 납작해지기 쉽습니다. 이럴 때는 바늘로 실을 약간 들어 올려 다른 땀과 높이를 맞춰주세요.

3 다섯 번째 칸의 왼쪽을 채워나가다 보면, 세 번째 칸과 거리가 멀어서 이어지게 수놓기가 힘듭니다. 이 부분은 일단 비워뒀다가 여섯 번째 칸을 채우고 난 뒤에 채워줍니다.

4   분무기나 물붓을 이용해 자수펜으로 그린 밑그림을 지우고, 빈 부분이 있다면
     마저 채워주세요.

4

4

몬스테라

● 잎사귀

‐‐‐ 스플릿 스티치

∞ 989 / 988 / 987 / 907

● 가지

‐‐‐ 스플릿 스티치

∞ 989 / 164

● 화분

‐‐‐ 체인 스티치

∞ 822

988(3)
스플릿

989(3)
스플릿

987(3)
스플릿

987(3)
스플릿

989(3) 스플릿

907(3)
스플릿

164(3)
스플릿

822(3) 체인

스플릿 스티치로 구멍이 있는 몬스테라 잎 채우기

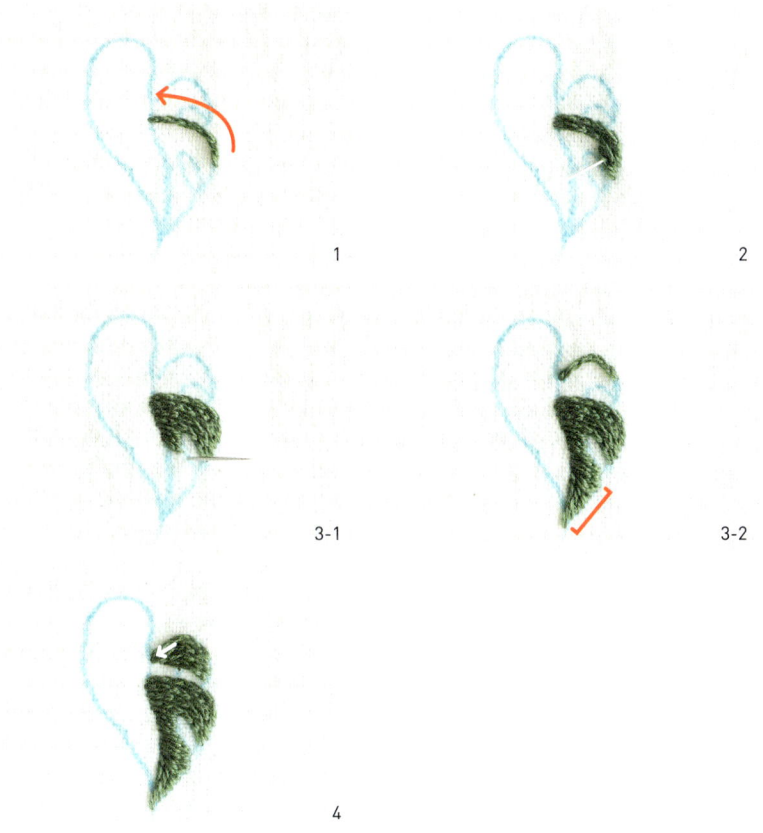

1

2

3-1

3-2

4

1 몬스테라 잎사귀처럼 불규칙한 모양을 수놓을 때는 어떻게 수놓을지 미리 생각
해두면 좋습니다. 첫 스플릿 스티치는 잎의 중간쯤에서 시작하고, 바깥쪽에서
안쪽으로 수놓습니다.

2 곡선을 놓으면 그려둔 밑그림에서 스티치가 삐져나오게 됩니다. 이때는 삐져나
온 땀에 바늘을 조금 꽂아 넣은 뒤, 바늘을 왼쪽으로 기울여서 삐져나간 실 가운
데를 가르고 나옵니다.

3 두 번째 잎사귀 구멍이 있는 지점에 왔다면 한 줄의 각도를 신경 써주세요. 잎의
끝부분으로 갈수록 가팔라지도록 스티치의 시작점 사이 간격을 점점 넓혀 아래
쪽을 전부 수놓습니다.

4 맨 위로 올라와 빈 곳을 채웁니다. 3번과는 다르게 처음 넣은 바늘구멍을 향해
스티치가 모이는 모양이 되어야 합니다.

스플릿 스티치로 구멍이 없는 몬스테라 잎 채우기 (1)

1 밑에서 3분의 1 지점에서 시작해 바깥쪽에서 안쪽 방향으로, 아래에서 위로 수놓습니다. 위로 갈수록 한 줄의 각도가 완만해지게 해주세요. 표시된 지점까지 쭉 수놓습니다.

2 삼각형의 빈 공간은 위로 넘어가지 않게 한 줄의 길이를 줄여가며 수놓고, 마지막 줄은 원래 길이로 돌아와 수놓습니다.

3 윗부분은 2번에서 수놓은 줄과 비슷한 길이로 테두리에 한 줄을 수놓고, 표시된 지점으로 향하게 수놓아 빈 공간을 채웁니다.

4 잎의 아랫부분은 한 줄의 경사가 점점 가팔라지도록 땀 사이의 간격을 띄워가면서 수놓습니다.

스플릿 스티치로 구멍이 없는 몬스테라 잎 채우기 (2)

1

2-1

2-2

3

1   **구멍이 있는 몬스테라 잎 채우기**의 2번 과정을 참고해 밑그림을 따라 스플릿 스티치를 한 바퀴 수놓습니다.

     /tip/ 뾰족한 꼭짓점에서도 스티치를 마무리하지 않고 삐져나오더라도 끝까지 수놓습니다.

2   먼저 수놓은 줄에서 삐져나온 부분은 안쪽을 수놓으며 바늘로 밀어 올립니다.

3   전부 수놓은 뒤 실이 뜨는 곳이 있다면 짧은 스트레이트 스티치 한 땀을 뜨는 곳에 수놓아 눌러줍니다.

/🪴/ 화분은 체인 스티치로 수놓습니다. 왼쪽에서 오른쪽으로 채워나가는데, 한 줄을 수놓고 마무리하고 바로 옆에서 다음 줄을 시작합니다. 이 과정을 반복해서 완성합니다.

5

디
시
디
아

● **잎사귀**

‑‑‑ 새틴 스티치

∞ 989 / 988 / 987 / 907 / 164

● **가지**

‑‑‑ 스플릿 스티치

∞ 907

● **화분**

‑‑‑ 스플릿 스티치

∞ 436

● **끈**

‑‑‑ 스플릿 스티치

∞ 822

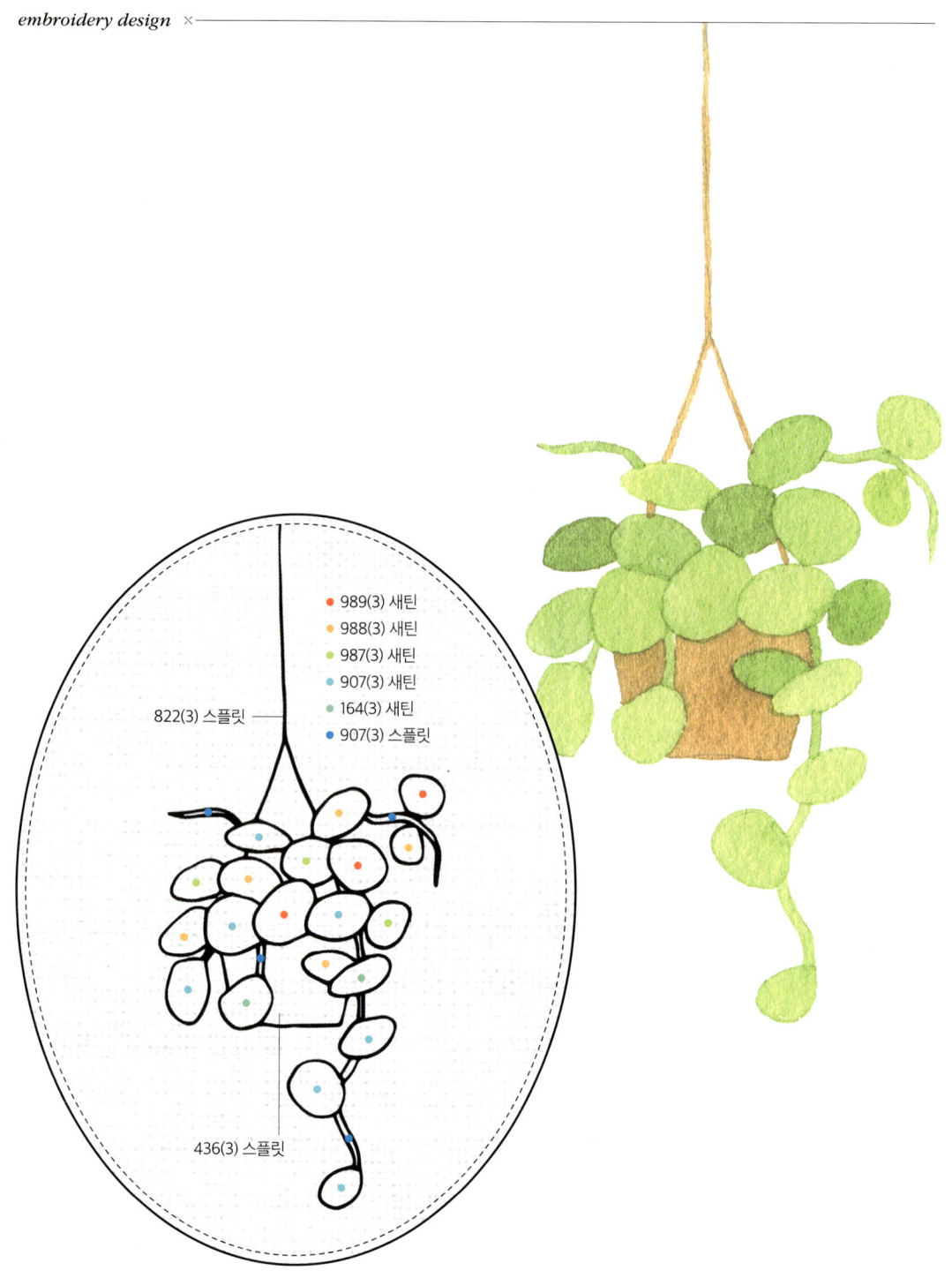

822(3) 스플릿

436(3) 스플릿

● 989(3) 새틴
● 988(3) 새틴
● 987(3) 새틴
● 907(3) 새틴
● 164(3) 새틴
● 907(3) 스플릿

새틴 스티치로 타원형 잎사귀 채우기

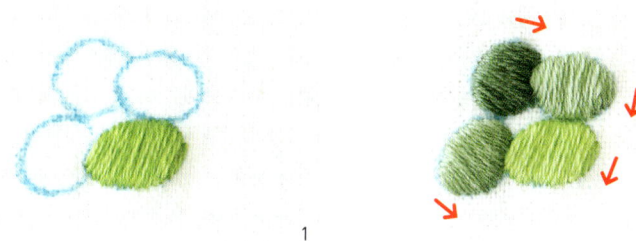

1

2

1   잎사귀는 새틴 스티치로 채우되, 가까이 있는 잎사귀끼리는 자수의 방향이 겹치지 않도록 합니다.

2   가로, 세로, 대각선 두 방향 등 다양한 방향으로 수놓습니다. 방향이 겹치지 않게 각도를 다르게 해서 수놓아보세요.

곡선 스플릿 스티치로 줄기 표현하기

1-1

1-2

2

1   곡선을 수놓을 때는 실이 선 밖으로 빠져나갑니다. 실을 원래 자리로 끌어오려면 먼저 수놓은 땀에서 바늘을 아래에서 위로 찌른 다음, 바늘을 기울여 실 가운데를 가르고 나와 다음 땀을 수놓습니다.

2   같은 방법으로 마저 수놓고, 끝이 뾰족한 줄기를 표현하기 위해 마무리하지 않고 그대로 둡니다.

스플릿 스티치로 화분 채우기

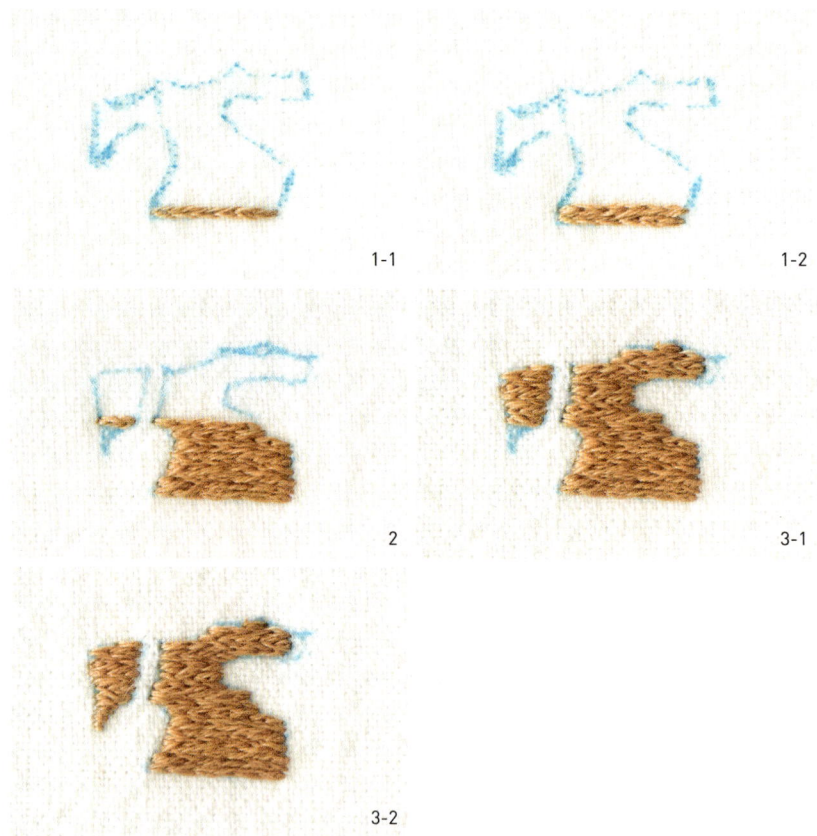

1. 맨 아랫줄부터 스플릿 스티치 한 줄을 수놓고 마무리한 뒤, 바로 위에서 다시 한 줄을 수놓고 마무리를 합니다.

2. 1번 과정을 반복해 수놓습니다. 줄기에 가려질 부분은 건너뛰고 이어갑니다.

3. 끝까지 채운 뒤, 면적이 좁아 미처 수놓지 못한 곳은 새틴 스티치로 채웁니다.

   / tip / 땀의 크기가 작아지면 실의 부피가 확 줄어들어서 먼저 수놓은 땀과 차이가 생깁니다. 이런 경우에는 땀 아래로 바늘을 넣어 위로 들어 올리면 통통하게 보입니다.

6

소
포
라

technique & thread ×

- **잎사귀**
- - - 새틴 스티치
∞ 989 / 988 / 987 / 986 / 907

- **가지**
- - - 스플릿 스티치
∞ 436

- **화분**
- - - 체인 스티치
∞ 779

- ● 989(2) 새틴
- ● 988(2) 새틴
- ● 987(2) 새틴
- ● 986(2) 새틴
- ● 907(2) 새틴

436(2) 스플릿

779(4) 체인

새틴 스티치와 스플릿 스티치로 소포라 잎 수놓기

/ tip / 도안을 천에 옮길 때 화분과 가지만 옮겨오고, 잎사귀는 눈대중으로 수놓았어요.

1 아래쪽 잎부터 수놓기 시작합니다. 비스듬하게 한 땀을 수놓고, 같은 구멍에 좌우로 한 땀씩 더 수놓습니다.

2 쌀알 모양이 되도록 땀 길이를 조금씩 줄여나가면서 좌우로 번갈아가며 서너 땀을 수놓습니다.

   / tip / 바늘을 넣을 때는 수직이 아닌 45도 정도로 기울여 넣으면 앞서 수놓은 땀과 반쯤 겹쳐져 모양이 도톰해집니다.

3 잎 하나가 완성되면, 1~2번 과정을 반복해 잎 5개를 수놓습니다. 좌우로 마주보는 잎끼리는 아랫부분이 맞닿게 수놓습니다.

4 　잎을 전부 완성했다면 잎과 같은 색의 실 1가닥으로 잎 가운데를 스플릿 스티치로 수놓습니다.

/⬜/ 화분은 체인 스티치로 수놓습니다. 실을 당길 때 힘을 빼서 느슨한 모양의 체인을 만듭니다.

4

셋,
알록달록 꽃과 과일

1

튤
립

- **분홍색 튤립**
  - - - - 롱 & 쇼트 스티치
  - ∞ 902 / 760

- **노란색 튤립**
  - - - - 롱 & 쇼트 스티치
  - ∞ 743 / 436

- **줄기**
  - - - - 스플릿 스티치
  - ∞ 164

- **잎**
  - - - - 롱 & 쇼트 스티치
  - ∞ 987 / 986 / 164

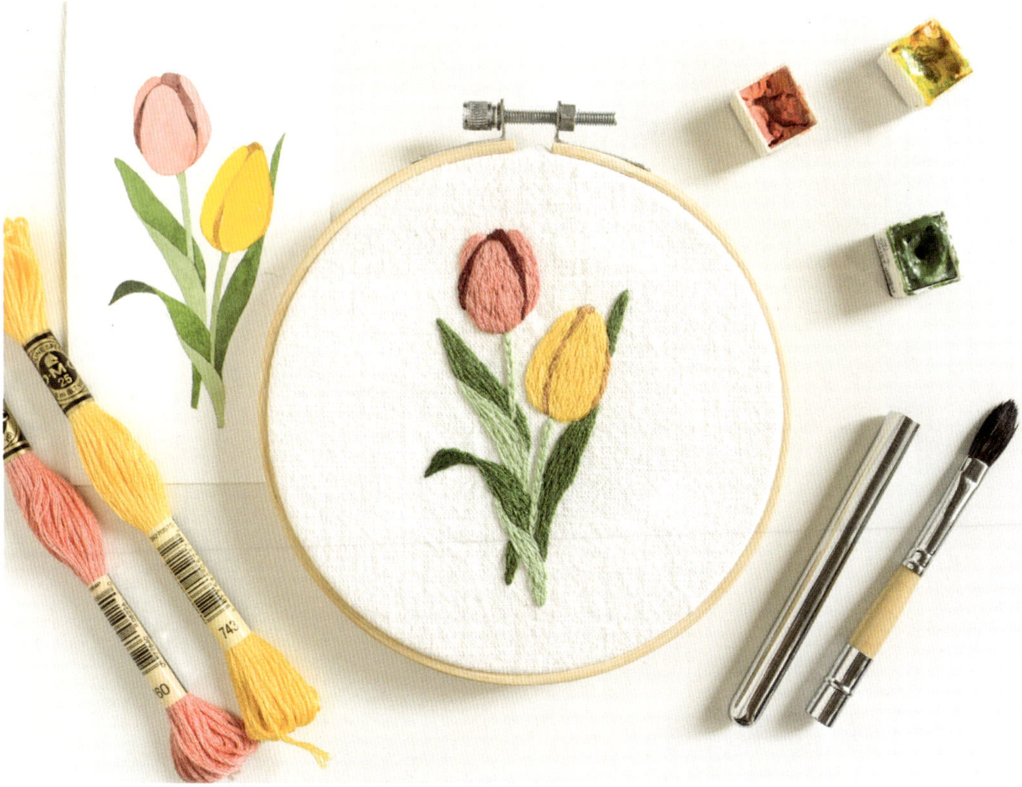

902(3) 롱 & 쇼트

760(3) 롱 & 쇼트

436(3)
롱 & 쇼트

987(3)
롱 & 쇼트

164(6)
스플릿

743(3)
롱 & 쇼트

164(3) 롱 & 쇼트

164(6) 스플릿

987(3) 롱 & 쇼트

986(3) 롱 & 쇼트

987(3) 롱 & 쇼트

164(3)
롱 & 쇼트

변형된 롱 앤 숏 스티치로 둥근 면 채우기

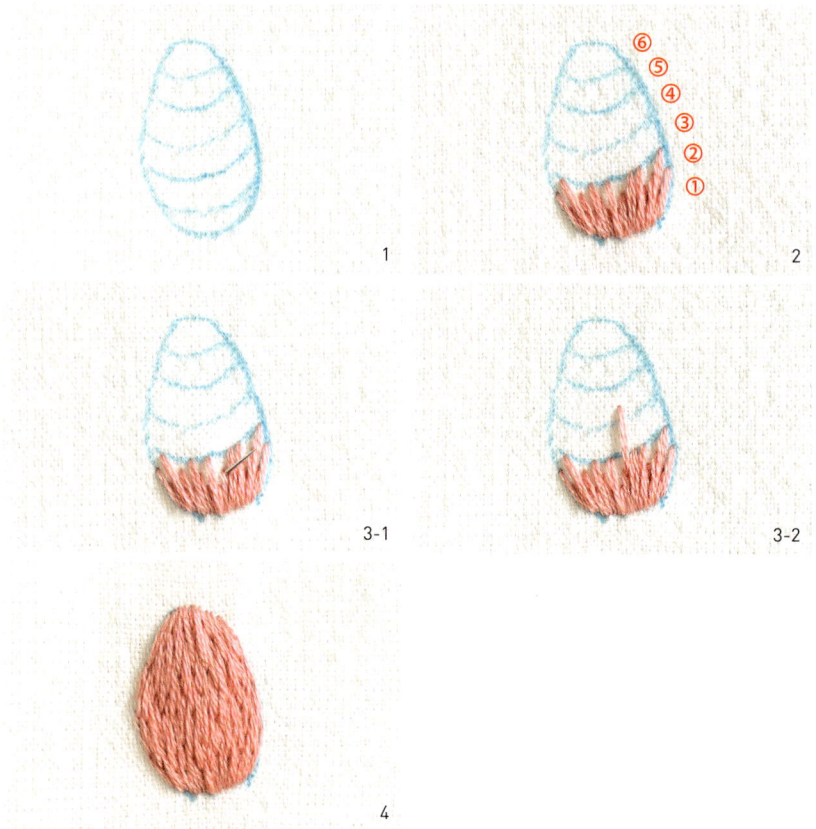

1　시작하기 전에 자수펜으로 가로로 다섯 줄을 그어 6칸을 만드는데 직선이 아닌 곡선으로 그립니다.

2　①~②번 칸을 2칸, 1.5칸, 1칸, 세 가지 길이로 불규칙하게 수놓습니다. 바깥쪽으로 갈수록 땀은 사선이 되어야 합니다.

3　②~⑤번 칸을 수놓을 때는 아래 칸의 땀과 1mm 정도 겹치게 수놓습니다.

/ tip / 롱 & 쇼트 스티치는 처음과 마지막 칸을 제외한 모든 칸은 두 땀 길이로 수놓는다는 것을 이해하면 쉽습니다. 길이가 짧은 땀은 처음과 마지막 칸에만 들어가요.

4　위로 올라갈수록 면적이 좁아지면서 면이 다 채워진 것처럼 보이지만, ⑥번 칸은 짧은 땀으로 사이사이를 채워야 합니다. 수놓다 보면 자연스럽게 빈 공간이 생겨요. 빈 공간은 2칸 길이로 수놓습니다. 이때는 다른 땀과 겹치지 않도록 유의하며 끝까지 수놓습니다.

2

미모사

technique & thread

잎사귀

스플릿 스티치

988 / 987

가지

스플릿 스티치

436

꽃

새틴 스티치

743

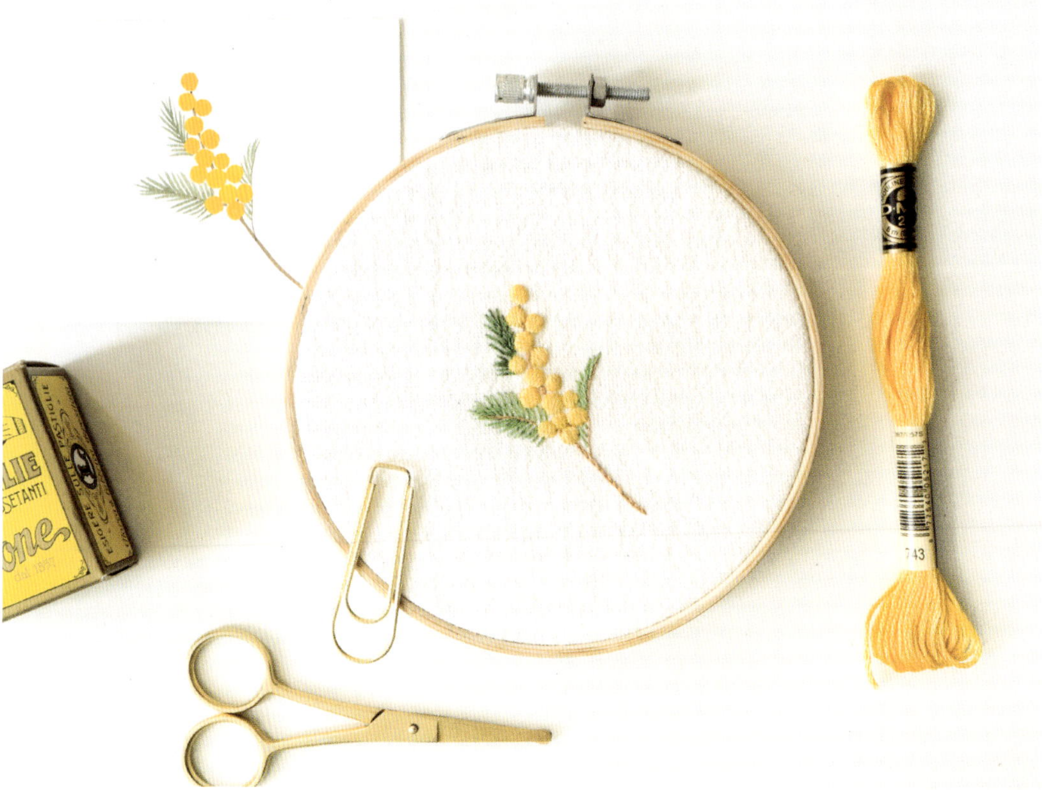

436(2) 스플릿

987(2) 스플릿

436(1) 스플릿

436(1)
스플릿

436(3)
스플릿

● 988(2) 스플릿
● 743(3) 새틴

원형 새틴 스티치로 꽃잎 수놓기

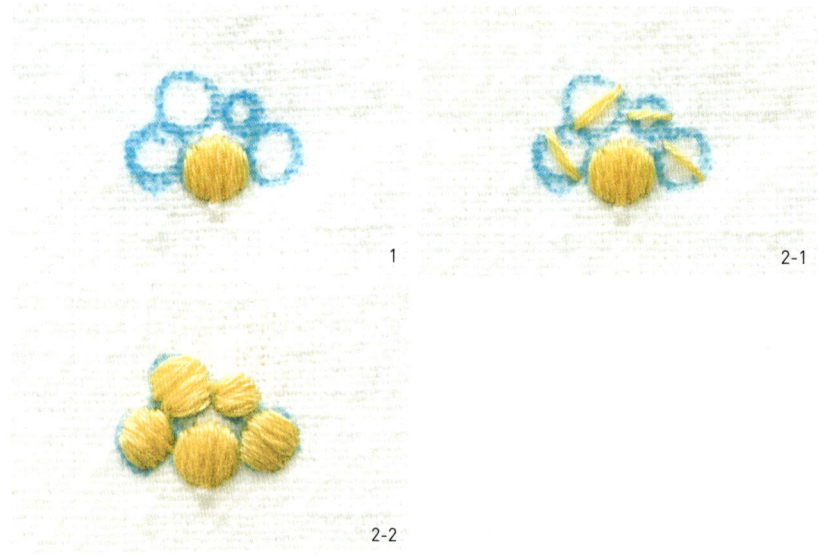

1

2-1

2-2

1   원 하나를 골라 새틴 스티치를 세로 방향으로 수놓습니다.

2   인접한 원끼리는 자수 결이 같은 방향으로 나오지 않도록 방향을 바꿔가면서 남은 원을 수놓습니다.

스플릿 스티치로 미모사 잎 수놓기

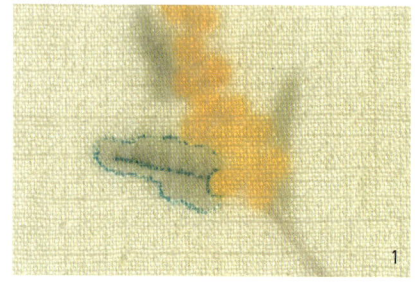

1

1   도안을 원단에 옮길 때는 잎을 하나하나 그리지 않고 전체적인 윤곽을 그립니다.

     /tip / 작은 것들이 뭉쳐있는 그림은 라이트 박스가 있더라도 천에 완벽하게 옮기기가 어려워요. 이런 경우에는 전체적인 윤곽선만 그려두고 눈대중으로 수놓는 것이 좋습니다. 그림을 잘 그린다면 도안을 보고 옮겨 그려도 괜찮아요.

2 스플릿 스티치로 가지를 먼저 수놓아요.

3 잎사귀는 스플릿 스티치 두 땀으로 표현할 거예요. 작게 한 땀을 두고, 그 다음 땀은 길게 수놓습니다. 마지막 땀은 마무리하지 않고 그대로 둡니다.
/ tip / 미모사는 잎사귀끼리 간격을 충분하게 두어야 서로 겹쳐 보이지 않아요.

4 3번 과정을 반복해 잎사귀를 채우면 완성입니다.

2

3-1

3-2

4

3

꽃마리

technique & thread

• 꽃

새틴 스티치

813 / 743

• 꽃봉오리

새틴 스티치

907 / 813 / 760

• 잎사귀

새틴 스티치

989 / 988 / 987 / 907

• 줄기

스플릿 스티치

989 / 988 / 987

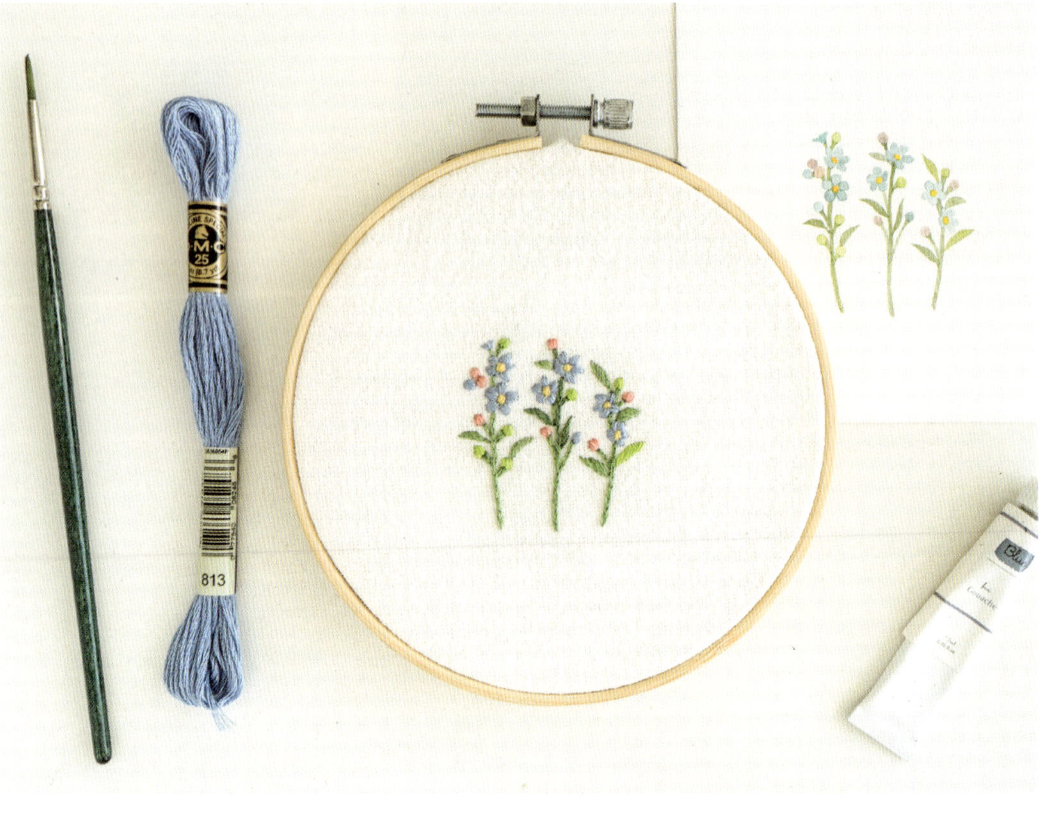

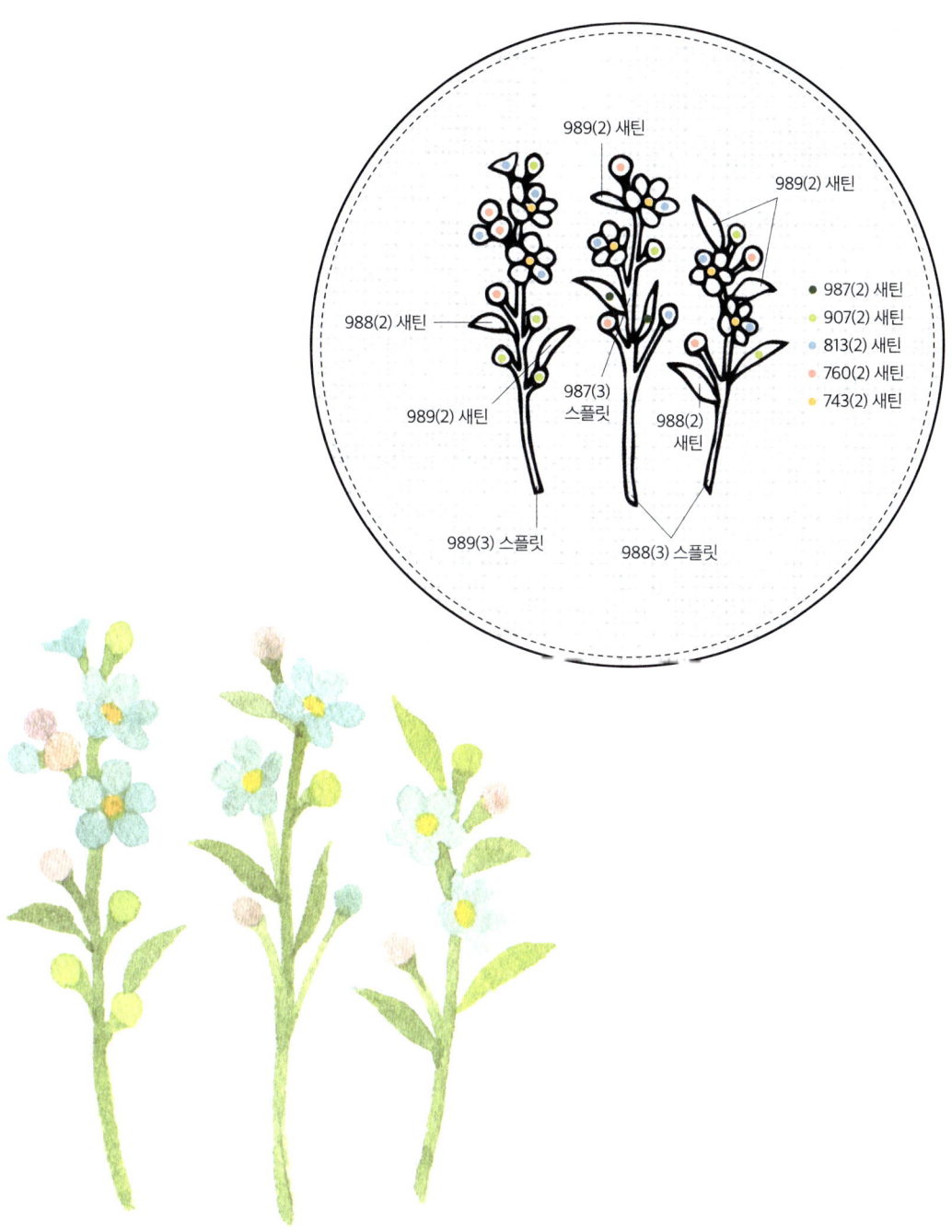

989(2) 새틴

989(2) 새틴

988(2) 새틴

989(2) 새틴

987(3)
스플릿

988(2)
새틴

● 987(2) 새틴
● 907(2) 새틴
● 813(2) 새틴
● 760(2) 새틴
● 743(2) 새틴

989(3) 스플릿

988(3) 스플릿

새틴 스티치로 작은 잎사귀 수놓기

1

2

3-1

3-2

1   대각선으로 한 땀을 수놓습니다. 땀의 길이가 너무 길어지거나 각도가 너무 기울지 않도록 유의합니다.

/ tip / 수놓을 공간이 좁기 때문에 너무 촘촘하게 수놓으면 나중에 바늘이 잘 들어가지 않습니다. 도안의 여백이 크게 드러나지 않을 정도로 간격을 두고 수놓습니다.

2   잎사귀 아래쪽부터 채워나갑니다. 바늘을 넣는 위쪽은 간격을 좁히고 바늘을 빼는 아래쪽은 간격을 넓혀서 수놓아야 각도가 일정하게 나옵니다.

3   위쪽을 채울 때는 반대로 바늘을 넣는 위쪽은 간격을 넓히고 바늘을 빼는 아래쪽은 간격을 좁혀서 수놓습니다.

아
보
카
도

- **큰 아보카도**
- - - 　스플릿 스티치(껍질, 씨앗) / 체인 스티치(아보카도 속) / 새틴 스티치(줄기, 잎)
∞　986(껍질) / 164(아보카도 속) / 436(씨앗) / 988(줄기, 잎)

- **아보카도 씨앗**
- - - 　스플릿 스티치(씨앗, 줄기) / 새틴 스티치(잎)
∞　436(씨앗) / 987(줄기, 잎)

- **잎과 가지**
- - - 　새틴 스티치(잎) / 스플릿 스티치(가지)
∞　907

- **작은 아보카도**
- - - 　스플릿 스티치(테두리) / 롱 & 쇼트 스티치(껍질) / 새틴 스티치(줄기, 잎)
∞　988(껍질, 테두리) / 907(줄기, 잎)

988(2) 새틴

988(2)
스플릿

987(2)
새틴

164(3)
체인

436(3)
스플릿

987(3) 스플릿

986(3)
스플릿

436(4)
스플릿

907(2)
새틴

907(2)
새틴

988(3)
스플릿

907(3) 스플릿

988(3)
롱 & 쇼트

스플릿 스티치로 원 채우기

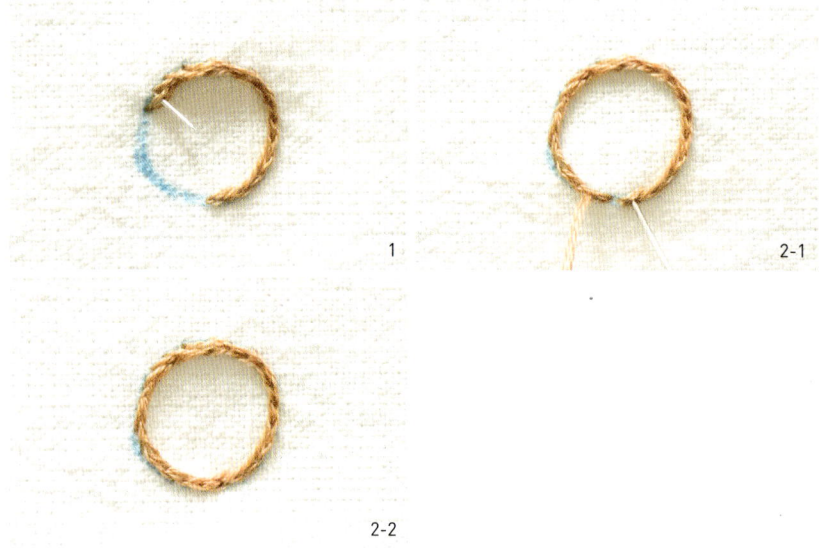

1

2-1

2-2

1 스플릿 스티치로 곡선을 수놓다 보면 땀이 도안을 조금씩 벗어나게 됩니다. 첫 땀을 수놓은 다음부터는 바늘을 기울여 넣은 뒤 실을 반으로 가르며 빼냅니다.

2 한 바퀴를 수놓은 다음 마지막 땀은 시작점을 조금 지나서 바늘을 넣고 마무리 합니다.

5

망고스틴

technique & thread

- **과육**
  새틴 스티치
  822
- **껍질 안쪽**
  새틴 스티치
  760
- **껍질**
  체인 스티치
  907 / 902
- **꼭지**
  새틴 스티치
  988
- **잎사귀**
  새틴 스티치
  989 / 988 / 986 / 164
- **가지**
  스플릿 스티치
  436

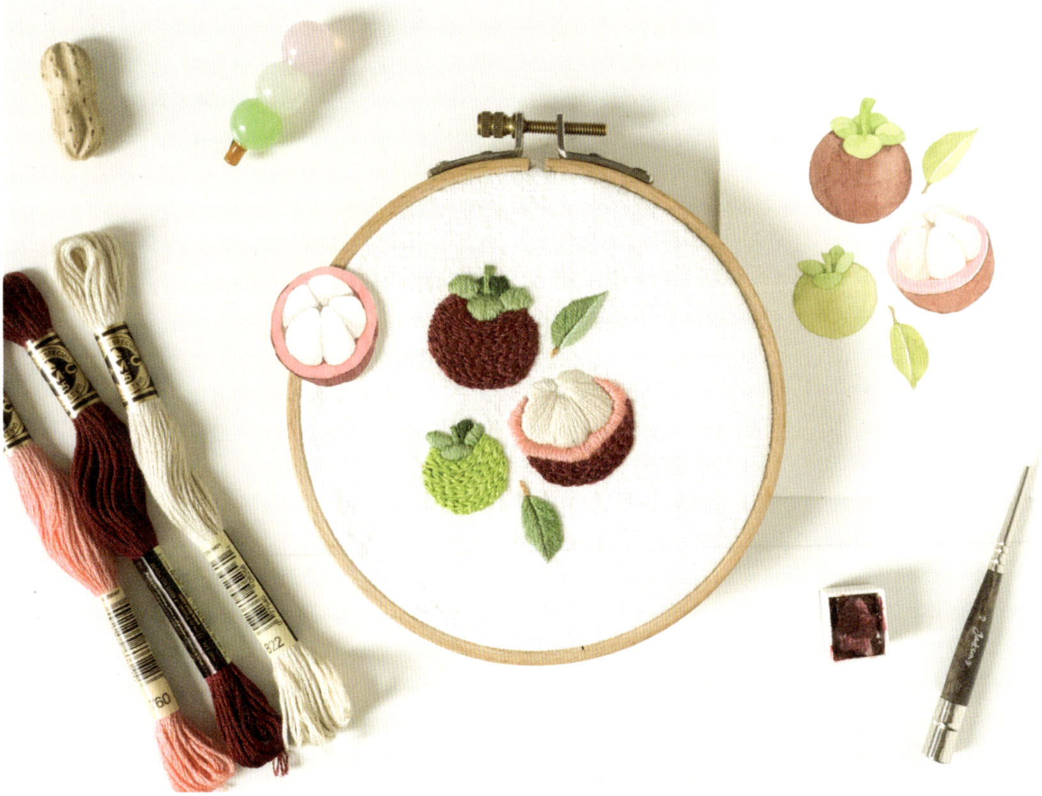

988(2) 새틴

986(2) 새틴

989(2) 새틴

989(2)
새틴

164(2) 새틴

436(2) 스플릿

● 902(2) 체인
822(3) 새틴

988(2) 새틴

986(2)
새틴

989(2)
새틴

760(2)
새틴

436(2) 스플릿

907(2) 체인

988(2) 새틴

989(2)
새틴

변형된 새틴 스티치로 망고스틴 과육 수놓기

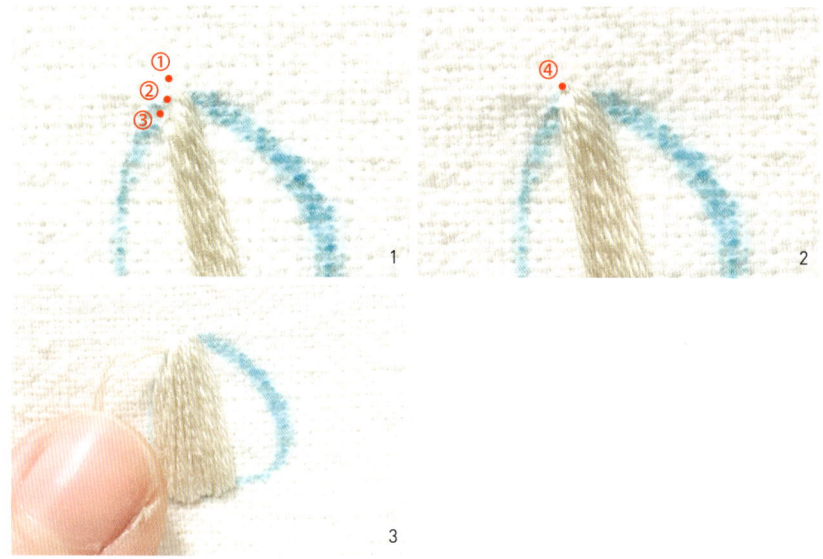

1   가운데부터 위에서 아래 방향으로 스트레이트 스티치 한 땀을 수놓습니다. 두 번째, 세 번째 땀은 사진과 같이 조금씩 아래에서 수놓아주세요. 여기까지가 한 세트입니다.

2   처음 수놓은 땀의 시작점에 네 번째 땀을 수놓습니다. 두 번째, 세 번째 스티치의 시작점을 가리면서 부채꼴 모양이 됩니다. 다섯 번째, 여섯 번째 스티치도 1번 과정처럼 시작점을 약간 내려줍니다.

/ tip / 도안의 모양이 위는 좁고 아래는 넓은 모양이기 때문에 위쪽은 바늘을 촘촘하게 넣고, 아래쪽은 여유 있게 넣어야 균형이 맞아요.

3   1~2번 과정을 반복해 면을 채워나갑니다. 거의 다 채웠을 때는 더 이상 첫 번째 시작점이 가려지지 않아요. 이때는 실을 완전히 당기지 않은 상태에서 바깥쪽으로 밀어둡니다. 밀어둔 실을 천에 대고 누르면서 실을 당겨 스티치를 완성하면 잘 가려집니다.

4   반대편도 1~3번 과정을 반복해 수놓습니다. 면을 다 수놓은 뒤에 자수를 멀리서
     보면서 모양이 잘 나왔는지 확인합니다. 부족한 부분은 더 수놓아 채웁니다.

4

유채꽃

● 꽃

- - -   스플릿 스티치(꽃잎) / 새틴 스티치(꽃술)

∞   743(꽃잎) / 436(꽃술)

● 잎사귀

- - -   새틴 스티치

∞   989 / 907

● 줄기

- - -   스플릿 스티치

∞   989 / 988 / 907

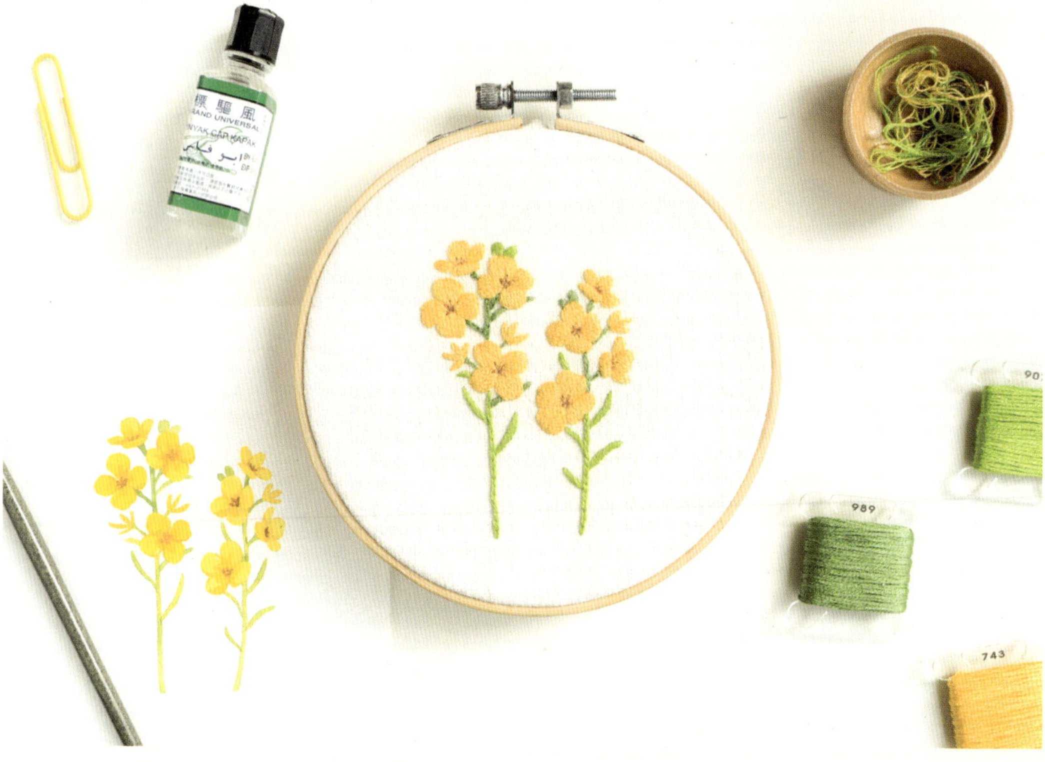

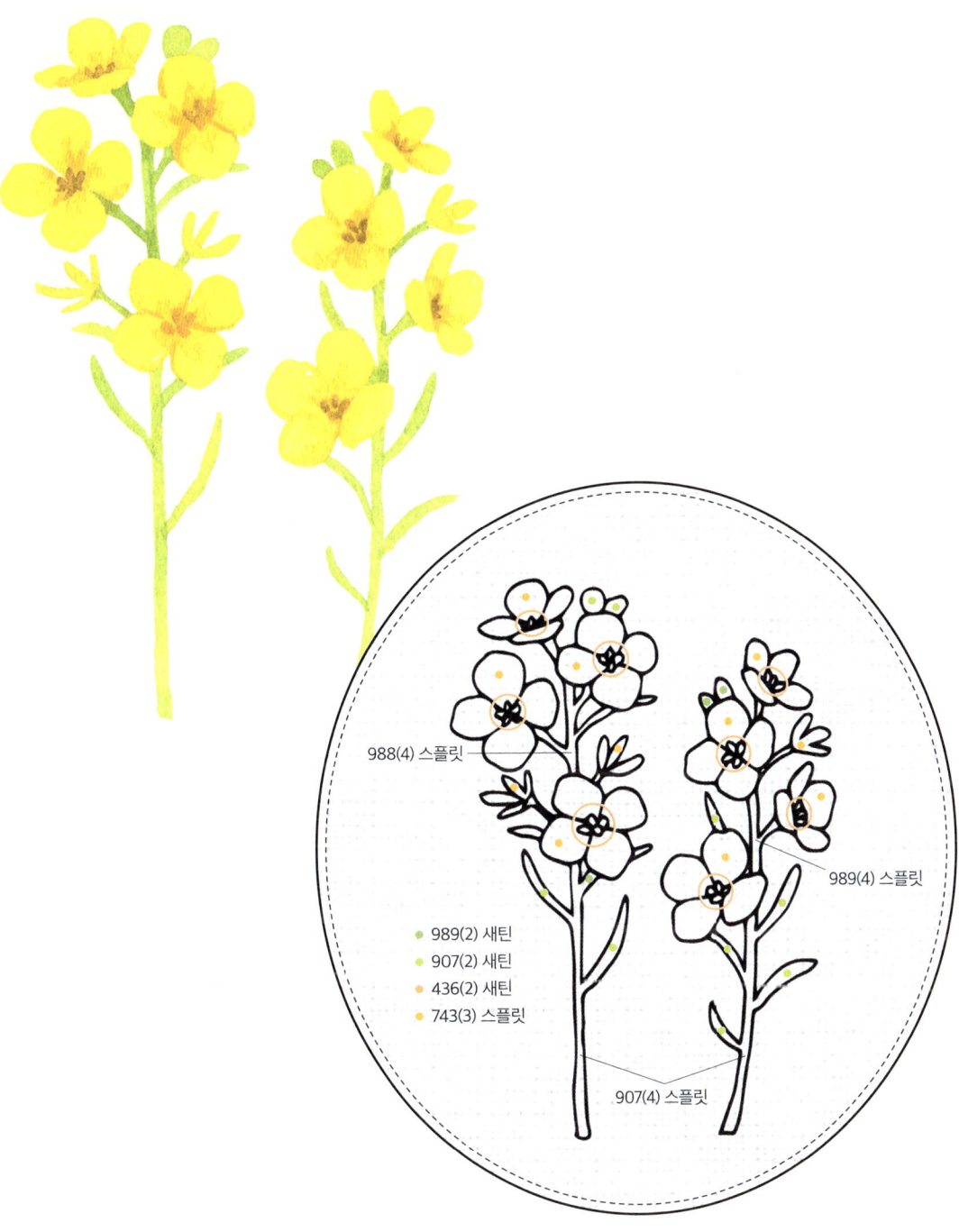

988(4) 스플릿

989(4) 스플릿

● 989(2) 새틴
● 907(2) 새틴
● 436(2) 새틴
● 743(3) 스플릿

907(4) 스플릿

책에 나온 자수 중에서 마음에 들었던 것을 골라 좋아하는 물건에 자수를 수놓아 보세요. 자수 전체를 수놓는 것이 부담스럽다면 일부분만 따와도 괜찮습니다. 같은 도안이어도 스티치 기법이나 실 색을 바꿔서 변화를 주면 더 재미있게 할 수 있어요.

∘ 에코백 ∘

1. 가방 고르기

원래 갖고 있던 에코백에 수를 놓아도 좋고, 없다면 무지 에코백을 구매합니다. 온라인으로 구매한다면 원단을 잘 골라야 합니다. 우리가 일반적으로 생각하는 두꺼우면서 질기고 오돌토돌한 요철이 있는 에코백은 10수입니다. 20수는 10수보다는 얇지만 탄탄하면서도 요철이 크게 두드러지지 않아요. 만약 10수를 선택했다면 천 두께가 두꺼운 만큼 너무 복잡하거나 작은 도안은 피합니다.

2. 도안

에코백에 10수나 20수로 두께 표시가 되어있더라도 자수를 놓았던 원단보다는 훨씬 두껍고 질겨요. 라이트 박스를 사용해도 빛이 올라오지 않으니 처음부터 수용성 심지를 이용해 도안을 그립니다.

3. 마무리

자수를 완성한 뒤에 수틀을 빼고 나면 천 두께 때문에 수틀 자국이 진하게 남습니다. 세탁하거나 구겨진 곳을 다림질해도 쉽게 사라지지 않지만 가방을 들고 다니다 보면 자연스럽게 사라집니다. 중간에 자수를 그만두거나 나중에 이어서 할 생각이라면 수틀은 꼭 빼고 보관합니다.

◦손수건◦

1. 원단 고르기

자수를 수놓기 위한 무지 손수건은 어느 자수 쇼핑몰에서나 쉽게 찾을 수 있어요. 원단이 얇기 때문에 늘어나지 않는 재질이어야 주름도 덜 지고 수놓기도 편해요. 사이즈가 큰 원단을 고르면 손수건뿐만 아니라 가리개나 티 매트로도 활용할 수 있어요.

2. 수놓을 위치 정하기

도안의 위치는 가진 수틀을 대보고 결정합니다. 수틀이 작을수록 가장자리에 가깝게 자수를 놓을 수 있어요. 큰 수틀에 천을 일부만 걸쳐서 자수를 하면 천이 단단하게 고정되지 않아요. 이런 경우에는 손수건 바깥쪽에 천을 덧댄 다음 수틀에 끼워 수놓고, 자수를 완성하면 덧댄 천을 제거합니다.

3. 수놓을 때 주의할 점

손수건은 뒷면도 잘 비치기 때문에 실이 자수 뒷부분을 가로지르지 않도록 합니다. 한쪽에서 수를 놓다가 다른 쪽으로 이동할 때는 마무리를 한 뒤에 다시 수놓기 시작합니다. 완성 후에는 삐져나온 실을 쪽가위로 잘라 깔끔하게 정리해주세요.